Dieter Paffrath

U6 ERFOLGREICH TRAINIEREN

Das ultimative Handbuch fürs Fußballtraining der G-Jugend

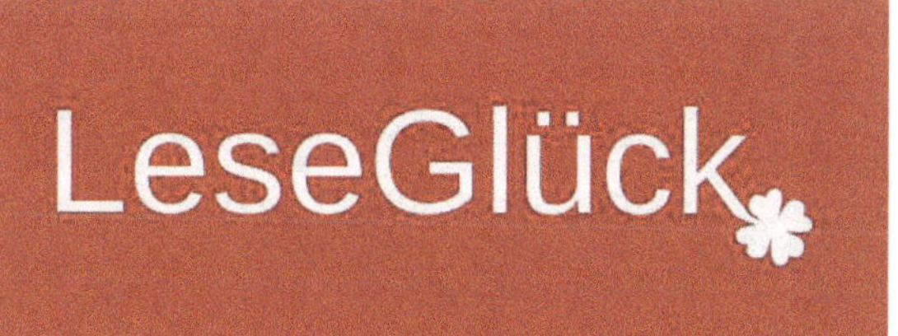

LeseGlück

Inhalt

Ihre Zufriedenheit ist unser Ziel!

Liebe Leser, liebe Leserinnen,

zunächst möchten wir uns herzlich bei Ihnen dafür bedanken, dass Sie dieses Buch erworben haben. Wir sind ein kleines Familienunternehmen aus Duisburg und freuen uns riesig über jeden einzelnen Verkauf!

Vor allem aber möchten wir, dass jedes unserer Bücher Ihnen ein einzigartiges und erfreuliches Leseerlebnis bietet. Daher liegt uns Ihre Meinung ganz besonders am Herzen!

Wir freuen uns über Ihr Feedback zu unserem Buch. Haben Sie Anmerkungen? Kritik? Bitte lassen Sie es uns wissen. Ihre Rückmeldung ist wertvoll für uns, damit wir in Zukunft noch bessere Bücher für Sie machen können.

Schreiben Sie uns: info@ek2-publishing.com

Nun wünschen wir Ihnen ein angenehmes Leseerlebnis!

Moni & Jill von EK-2 Publishing

1. Einführung:

Ich bin seit 29 Jahren Inhaber der Trainer A-Lizenz und darüber hinaus staatlich anerkannter Erzieher. Ich befasse mich seitdem sehr mit der Jugendarbeit im Fußball. Hier habe ich viele Trainingseinheiten kennen gelernt, einige als gut empfunden und einige Trainingseinheiten selbst entwickelt.

DIES MÖCHTE ICH EUCH HIER ZUR VERFÜGUNG STELLEN.

Ich hoffe, dass die dargestellten Übungen gut zu verstehen und leicht umzusetzen sind. Ich wünsche euch damit viel Spaß und Erfolg bei der Trainingsarbeit.

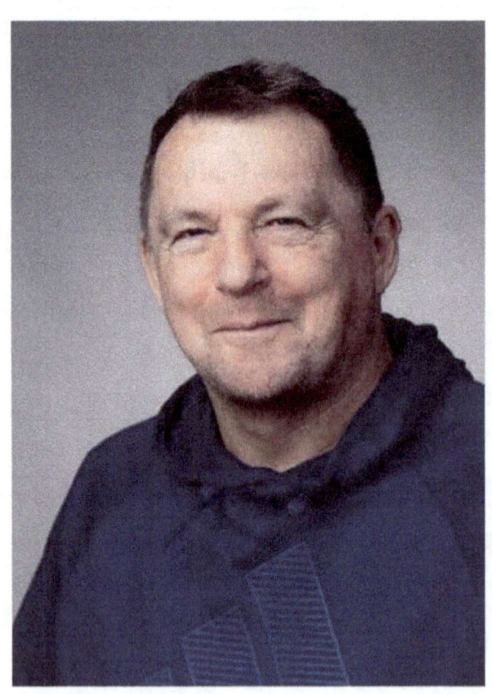

2. Entwicklungspsychologie:

„Ich bin, was ich lerne“

(Zitat: Erik H. Erikson 1902-1994)

Kinder in diesem Alter sind neugierig und wollen zuschauen, beobachten und teilnehmen. Sie wollen, dass man ihnen zeigt, wie sie sich mit etwas beschäftigen und mit anderen Kindern und Erwachsenen zusammenarbeiten können.

Das Bedürfnis eines Kindes, etwas Gutes und Nützliches zu tun, bezeichnet man als „Kompetenz“.

Ab diesem Zeitpunkt spielt für Kinder das Gefühl eine große Rolle, an der Welt der Erwachsenen teilnehmen zu können.

Kinder wollen ernst genommen werden, etwas herstellen (z. B. mit einem Ball) und dafür Anerkennung erhalten. Diese soll für viele Erfolgserlebnisse in Form von erzielten Toren und für ihre kognitiven Leistungen erfolgen.

Wichtig ist in dieser Phase die Berücksichtigung einer sehr großen Gefahr:

Ein Kind kann ein Gefühl der Unzulänglichkeit und Minderwertigkeit entwickeln. Dies kann dann passieren, wenn der Werksinn des Kindes durch sich selbst oder seine Umwelt überstrapaziert wird. Die Folgen können Scheitern, Unterschätzung und Ängste vor der Arbeit und vor dem Versagen sein. Eine weitere Folge kann Überkompensation in Form von Arbeits- und Pflichtversessenheit um Anerkennung durch Arbeit und Leistung sein.

Über mich

Mein Name ist Dieter Paffrath und ich bin 64 Jahre alt.

Schon mit 15 Jahren begann ich mit Freude Mannschaften zu trainieren. Ab diesem Zeitpunkt habe ich immer versucht zu lernen.

„Ich bin ein sehr guter Trainer, kann aber jeden Tag dazu lernen", sagte einst Jürgen Klopp bei einem Podiumsgespräch bei einem BDFL-Gespräch.

Genauso fühle ich mich – immer bereit zu lernen!

Hier ein kurzer Lebenslauf

Geboren am 24.11.1960 in Bonn
Familienstand: geschieden, 3 erwachsene Kinder
Staatsangehörigkeit: deutsch

Stationen als Trainer

Trainer an Schulen in China
Erstligaclub Shenzen, Training der U13
Fußballcamp in Polen
Trainer bei Tammeka Tartu (1. Liga Estland)
Nachwuchskonzept in Pristina, Mitrovica, und Ferizay (im Kosovo), Presova (Serbien), Kumanov und Skopje in Mazedonien
Angebot eines Erstligisten in Senegal
Fußballcamps und AGs an Schulen in Deutschland Sichtungslehrgänge

1992 Erwerb der Trainer-A-Lizenz
1979 Erwerb der Trainer-B-Lizenz
VfL Meckenheim Jugend

Stationen als Spieler

VfL Meckenheim
VfL Rheinbach
Bonner SC

Kreisauswahl (Kreis Bonn mit 80 Vereinen)

Angebot B-Jugend 1. FC Köln Position Mittelfeld

Mittel Rheinauswahl

Hobbies

Interesse an Biathlon und Leichtathletik

Aktiv Triathlon
Fußball

Lieblingsverein

FC Bayern München

Literaturliste

Fußball Training

DFA

Erikson

3. Trainerverhalten:

Passende Förderung in Abhängigkeit von Alter und Spielstärke. Fußballerische Qualität durch ganzheitliche Struktur des Ausbildungsprozesses.

NOTWENDIG:
... ist eine Konzeption mit klar festgelegten und aufeinander aufbauenden Ausbildungsstufen = Orientierungshilfen für alle Trainer.

Trainer 1:

„Nur was trainiert wird, kann im Spiel erwartet werden."

(BDFL Journal November 19) Autor Andre Nalinowski

Leitlinien für Trainer und Betreuer:

Ein Herz für Kinder haben – als Basis von Idealismus und Engagement.
Geschick in der Betreuung von Kindern (Lob, Aufmunterung, Trost, und Ansporn) zeigen.
Positive Werte und Normen (Gerechtigkeit, Fairness Zuverlässigkeit, Selbstkritik, Geduld und Freundlichkeit ...) vorleben.
Feines Gespür für Probleme der jungen Spielerinnen und Spieler zeigen – Lösungsmöglichkeiten anbieten! Spaß und Freude vermitteln, Motivation wecken – eine eigene Begeisterung für das Fußballspielen vorleben.

Trainerwesen:

Ausbildung und Fortbildung.

- Passende Förderung in Abhängigkeit von Alter und Spielstärke
- Fußballerische Qualität durch ganzheitliche Struktur des Ausbildungsprozesses notwendig: Konzeption mit klar festgelegter und aufeinander aufbauender Teamfähigkeit. Ausbildungsstufen = Orientierungshilfe für alle Trainer.

Trainer 2:

Jeder Trainer sollte mit Plan arbeiten.
Dieses Buch bietet Ihnen die Grundlagen für ein gutes Training und genug Übungen, um einen Monats- und Jahresplan zusammenzustellen, bei dem ich Ihnen gerne behilflich bin.

Neben dem Mannschaftsplan, steht jeder Spieler im Mittelpunkt jeder Trainingseinheit. Ich empfehle, die Tests, die ich in diesem Buch vorstelle, alle drei Monate zu wiederholen, um den Erfolg des Trainings nachhalten zu können.
Die Übungen entsprechen allen wichtigen Kompetenzen des jeweiligen Alters. Sie anzuwenden bedeutet das richtige Training zum richtigen Zeitpunkt.
Gespräche unter Trainern sind immer hilfreich. Im kleinen Verein vielleicht nur mit einem Co-Trainer, im anderen Bereich mit dem Trainerteam.

Hier kann man die Leistung eines Spielers besprechen, aber auch Mannschaftsziele festlegen.
Kleine Schritte sollen zum Ziel führen.
Durch die Abschlussspiele oder auch im Wettkampspiel kann man sehen, wie die Spieler sowie die Mannschaft sich entwickeln.

Warm-Up Training

Für die Spieler in den Klassen U6 bis U11 ist das Folgende nicht notwendig:

Aufwärmtraining, bei dem die Muskeln gedehnt und auf größeren Sport vorbereitet werden.
Hier ist ein Eingewöhnungstraining sinnvoll. Übungen in Form von Schüssen aufs Tor sind meiner Meinung nach auch hier nicht sinnvoll. In dieser Zeit können keine größeren Verletzungen entstehen.
Von Bedeutung ist, dass – wie in allen Bereichen – die Grundlagen im frühen Alter gelegt werden.

Übungsform 1: „Begrüßungsformel"

Vielseitiges Bewegen und Austoben

Organisation

Viereck mit Markierung 10m x 10m.
10 oder 12 Spieler.
Spieler bewegen sich ohne Ball.

Ablauf

Spieler laufen aufeinander zu und Begrüßen sich.
Immer bewegen, nach der Begrüßen laufen sie zu einem anderen Spieler.
Wenn jeder Spieler jeden begrüßt hat, gibt der Trainer eine andere Bergrüßungsformel vor.

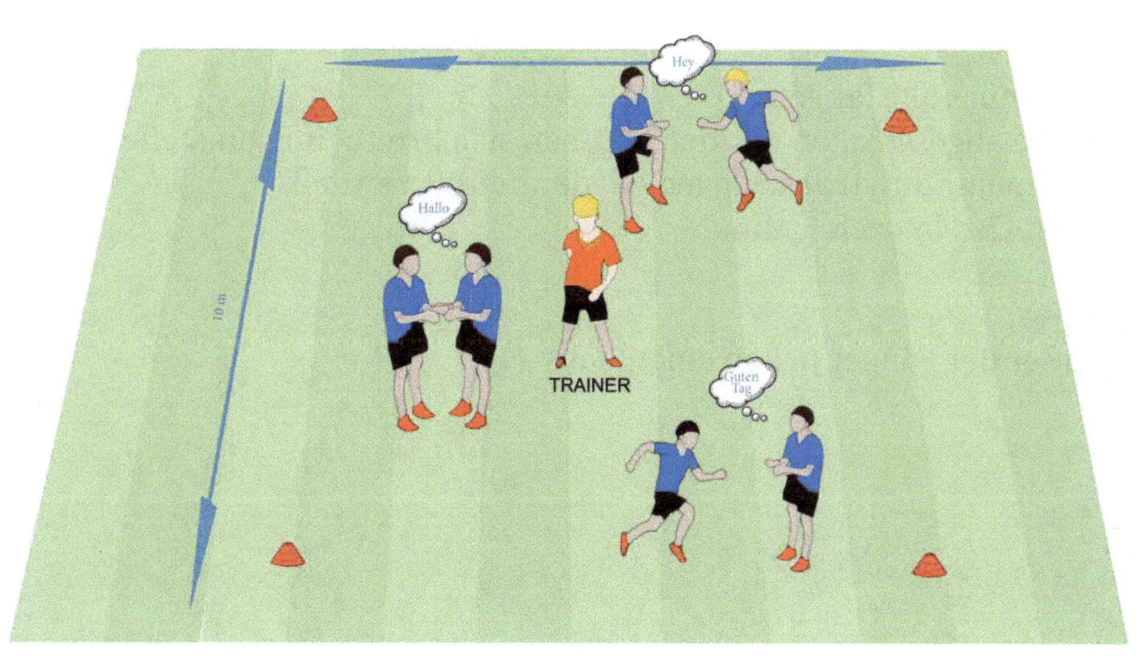
Hey
Hallo
10 m
TRAINER
Guten Tag

Übungsform 2: „Fangen“

Organisation
Viereck mit Markierung 10m x 10m.
10-12 Spieler ohne Ball.

Ablauf
Spieler A muss alle fangen.
Spieler die abgeschlagen wurden, müssen sich breitbeinig hinstellen.
Sie können nur durch abschlagen wieder befreit werden.
Fänger wechseln nach 1 Minute.

Variation:
Alle, außer der Fänger haben einen Ball.

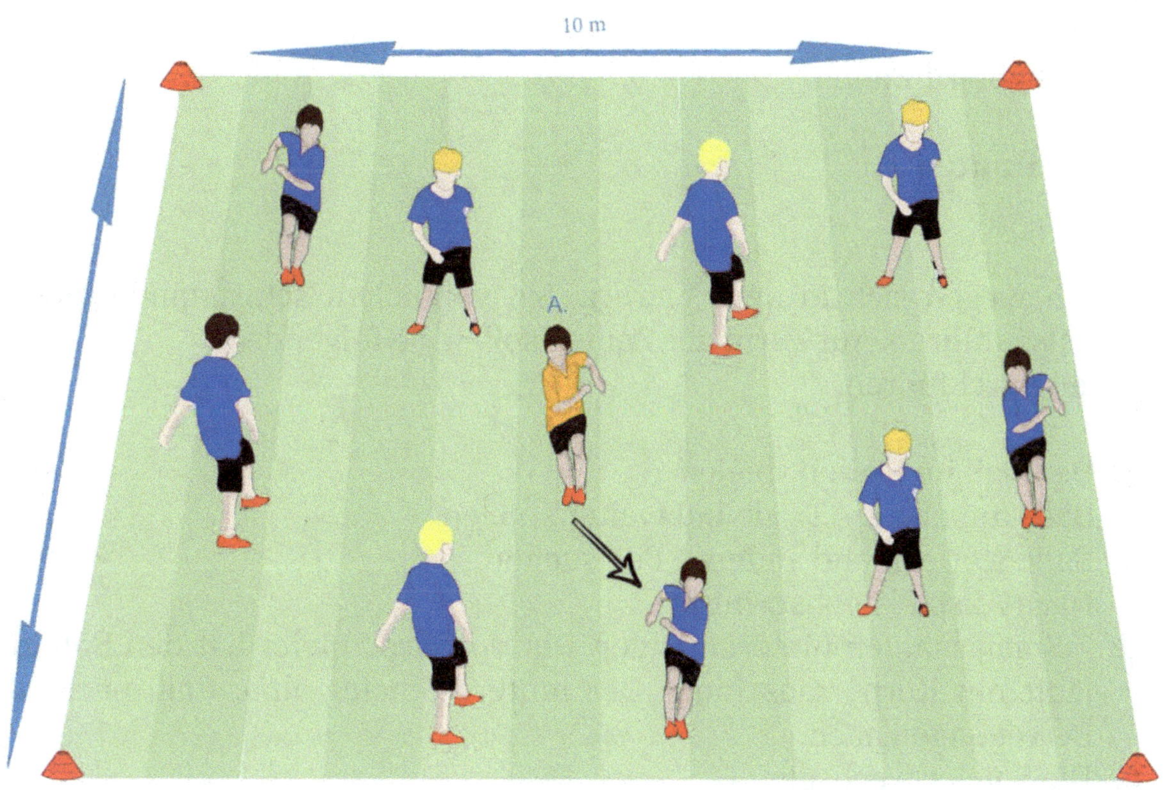
10 m
A.

Übungsform 3: „Nummernkarussel zu zweit“

Organisation
Viereck mit Markierung 10m x 10m.
10 oder 12 Spieler.
2 Spieler haben 1 Ball.

Zeit: 20 Minuten

Ablauf
Spieler bewegen sich in dem Viereck. Sie versuchen selbstständig eigene Tricks auszuführen. Auf Zuruf der Zahlen sollen sie folgende Übungen durchführen.

1. Den Ball im Laufen spielen.
2. Bälle annehmen, Trick und weiter spielen.
3. Bälle stoppen und anderen Ball suchen.
4. Nach Abspiel hochspringen.
5. 2 Spieler laufen hintereinander. Der vordere Spieler hat den Ball und läuft mit Körpertäuschung. Der hintere Spieler ohne Ball macht die Bewegungen nach.
6. Die Spieler wechseln.
7. Ein Hütchen im Tempo mit Ball umlaufen. Ohne Ball ein anderes Hütchen umlaufen.
8. Nach Abspiel des Balles Sprint.
9. Gegeneinander frontal.
10. Gegeneinander mit Rücken.

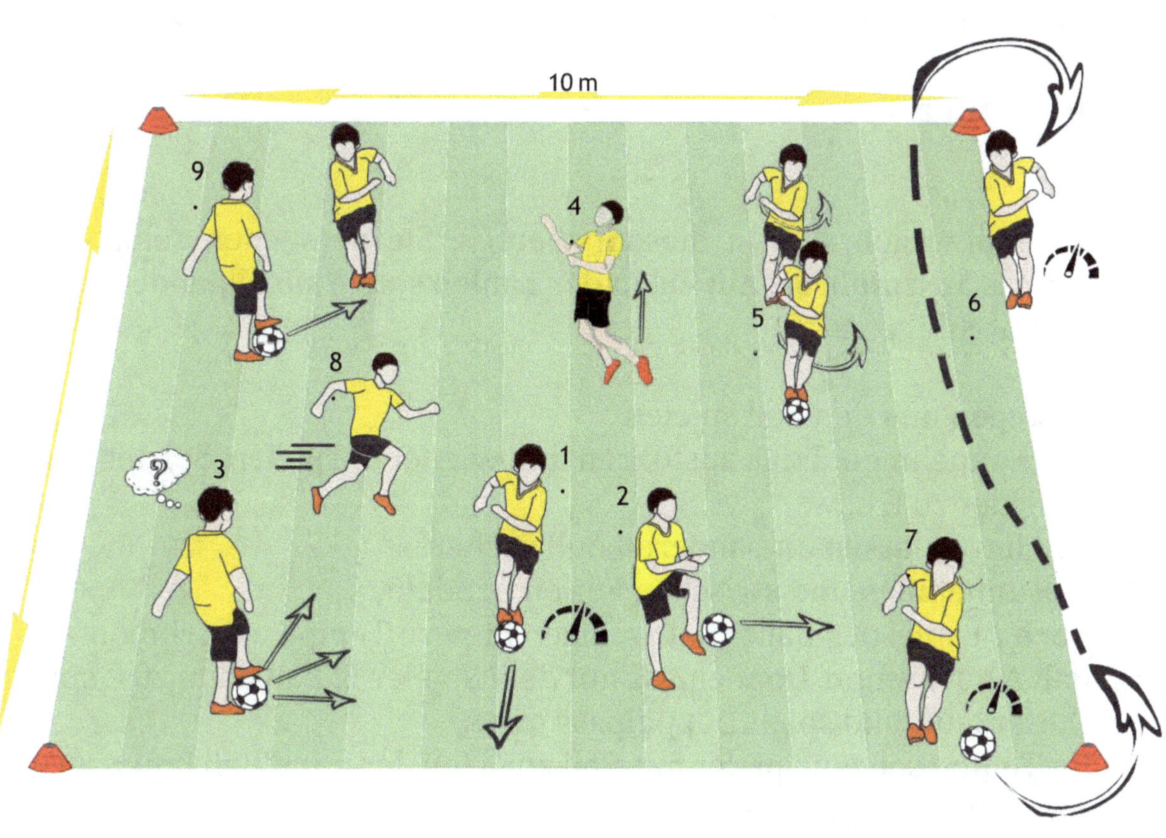
10 m
9
4
5
6
8
3
1
2
7

Übungsform 4: „Nummernkarussel zu Dritt“

Organisation
Viereck mit Markierung 10m x 10m.
9 oder 12 Spieler.
3 Spieler haben 1 Ball.

Zeit: 20 Minuten

Ablauf
Die Spieler bewegen sich in diesem Viereck. Sie versuchen selbstständig eigene Tricks auszuführen. Auf Zuruf der Zahlen sollen sie folgende Übungen durchführen.

1. Bewegen und den Ball spielen.
2. Bälle annehmen. Trick ausführen und wieder anspielen. Spieler A spielt zu B, der zu C usw.
3. Ball liegen lassen und anderen Ball suchen.
4. Ball annehmen und zwischen Füßen pendeln.
5. Nach Abspiel des Balles auf wenigen Metern Tempo aufnehmen.
6. Ball A mit Tempo, Doppelpass mit dem Spieler B, Ball dann zu C spielen. Dieser läuft und spielt Doppelpass mit A.
7. Im Tempo soll ein Spieler mit Ball zwei Spieler ohne Ball umkurven
8. Zweikämpfe 2 gegen 1.
9. 12 Spieler sollen alle vier Ecken im Tempo umkurven.
10. Zu dritt ein Ball im Zweikampf 1 gegen 2.

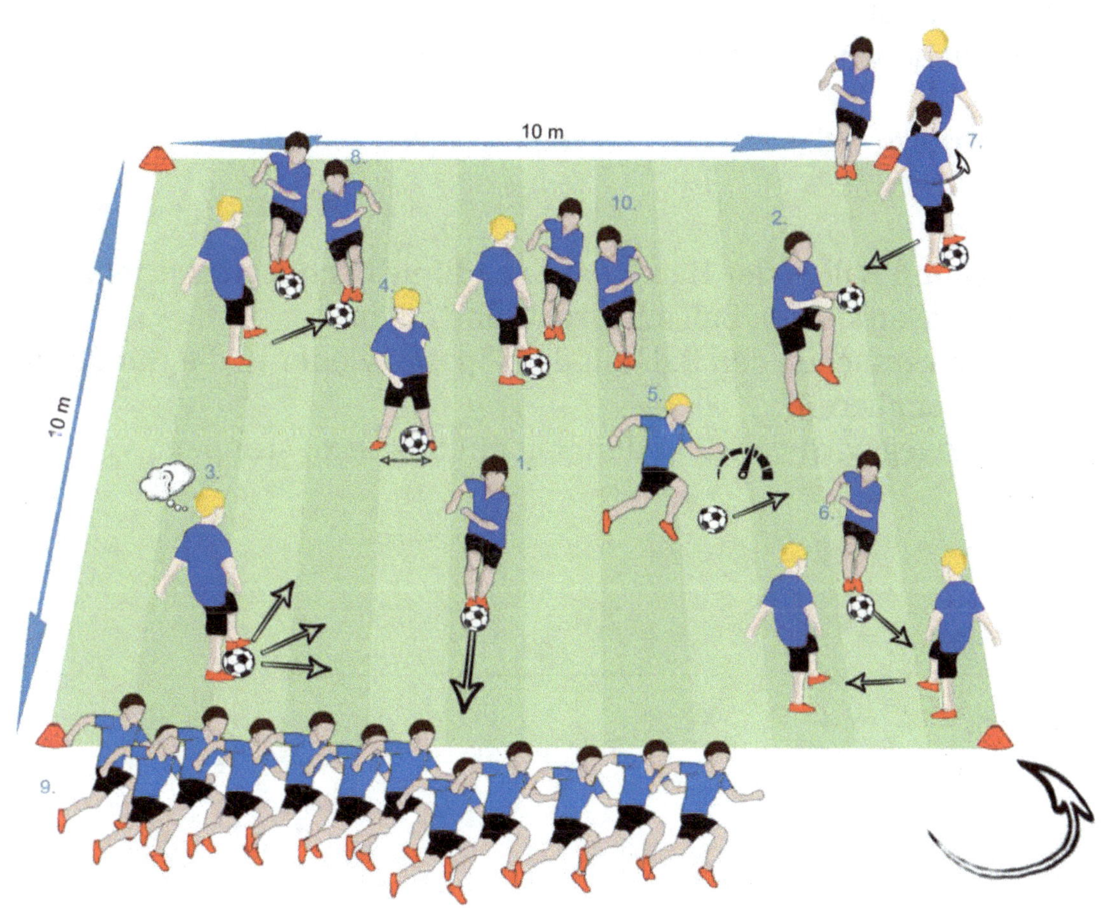
10 m
8.
10.
2.
7.
4.
10 m
5.
3.
1.
6.
9.

Übungsform 5: „Jonglieren und Ball stoppen“

Organisation
8 bis 12 Spieler auf halbem Platz.
Spieler stehen nebeneinander auf der Grundlinie.

Zeit: 15 Minuten

Ablauf
Spieler gehen mit Ball in der Hand von Grundlinie bis hin zur Mittelinie.
Beim Gehen lassen sie den Ball aus Brusthöhe fallen.
Sie sollen nun versuchen den Ball mit dem Spann wieder in die Hände zurück zu schießen (jonglieren).
Auf dem Rückweg wird versucht den Ball mit Spann zu stoppen.

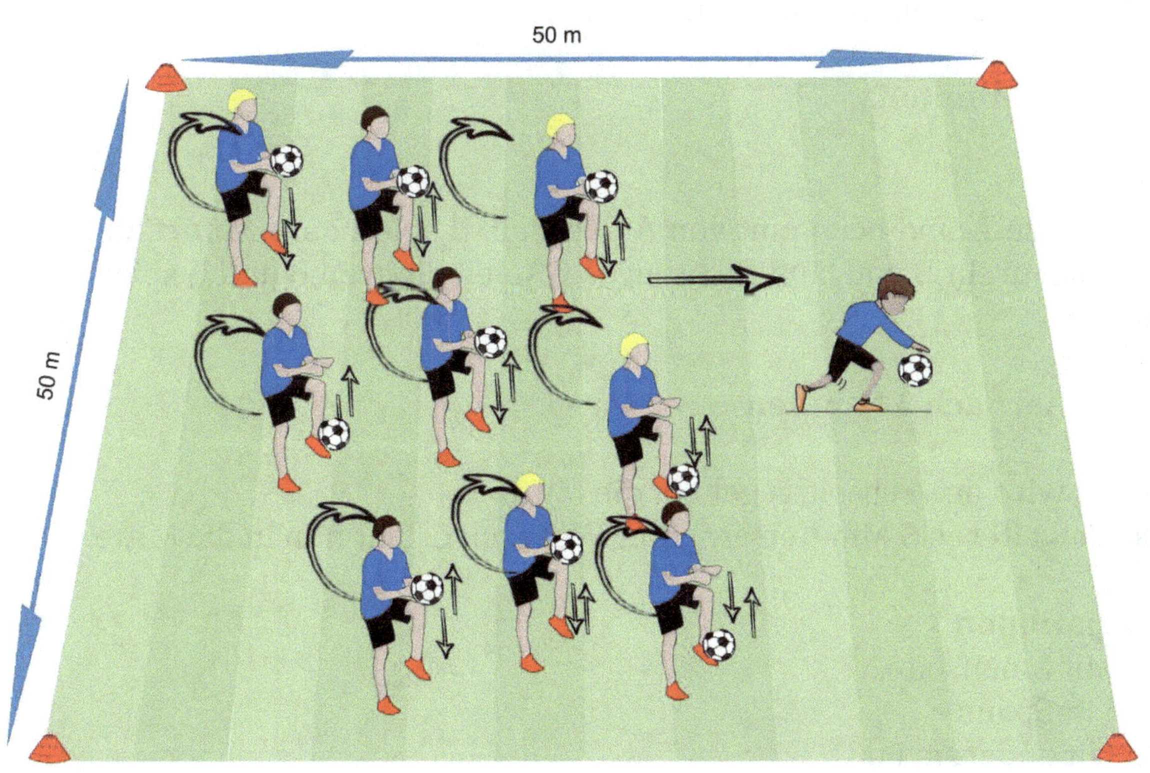
50 m
50 m

Übungsform 6: „Passübung“

Organisation
Teams zu je drei Spieler

Spieler A steht zu Spieler C 15m entfernt. Spieler B steht zwischen den beiden. Spieler A hat, wie Spieler C, einen Ball.

Zeit: 18 Minuten.

Ablauf
B läuft zu A und bekommt von A den Ball. B spielt dann sofort zu A zurück. Danach dreht B und läuft Richtung C. C spielt dann zu B und B spielt zurück. Usw.

Wechsel nach 3 Minuten

Dann wird gewechselt: A geht in die Mitte.
Nach weiteren 5 Minuten erneuter Wechsel: C geht nun in die Mitte.

Variationen:
A: Mit Innenseite
B: Mit Spann
C: Mit anderem Fuß
D: Mit Außenseite.

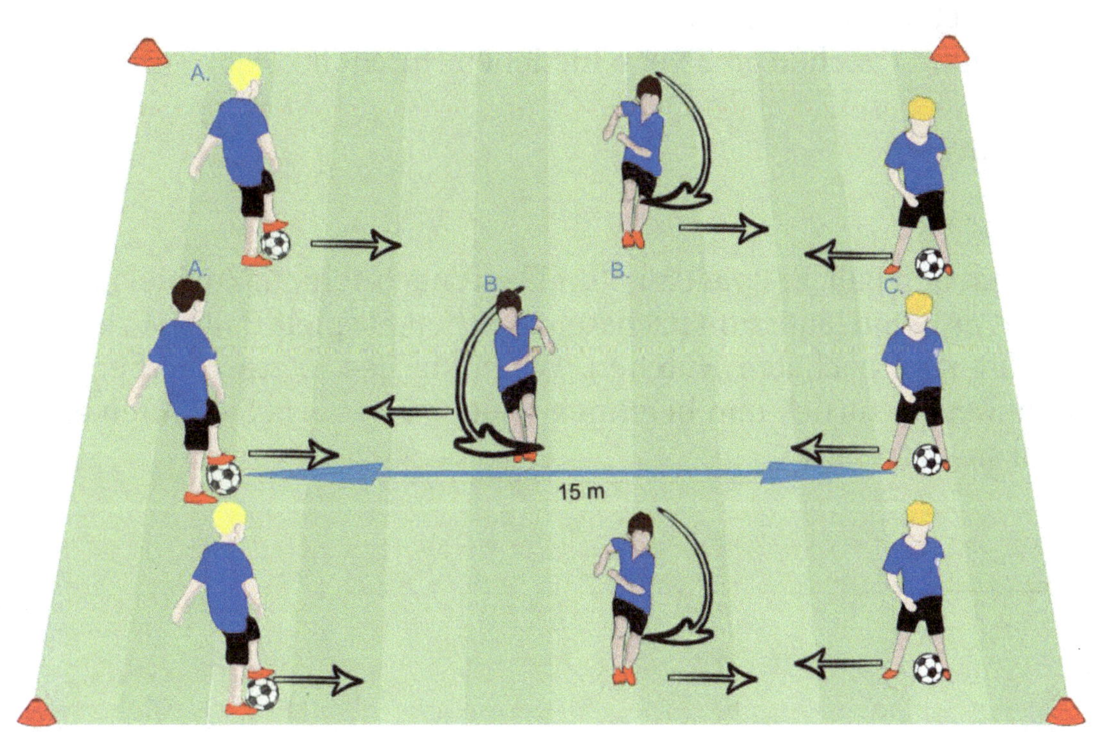
A.
A.
B.
B.
C.
15 m

Übungsform 7: „Rotieren“

Organisation
Mit roten Markierungen (Hütchen) im Zickzack im Abstand von 8m die Hütchen aufbauen.
Jeweils 3 Spieler mit einem Ball.
Spieler A, B und C stehen an 3 verschiedenen Hütchen.

Zeit: 20 Minuten

Ablauf
Spieler A hat den Ball. Er spielt zu B und läuft nach seinem Zuspiel nach. Dann hinterläuft er B und läuft zum nächsten Hütchen. B spielt Ball zu C, hinterläuft C und läuft zum nächsten Hütchen. Wenn sie das letzte Hütchen erreicht haben, laufen sie zurück und beginnen wieder von vorn. Sie laufen aber erst los, wenn sie dran sind.

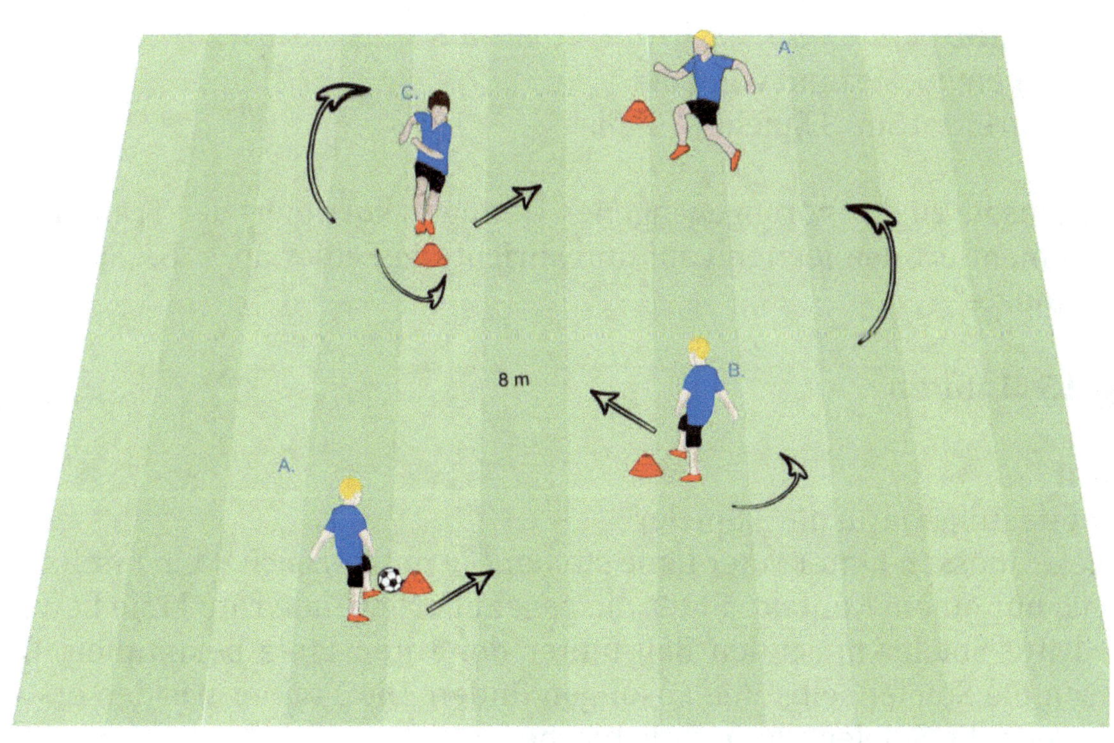
A.
C.
B.
8 m
A.

Übungsform 8: „Kombination selbst finden Teil 1“

(Bekannt durch einen der früheren Trainer der deutschen Hockeynationalmannschaft, Horst Wein)

Organisation
2 rote Linien im Abstand von 10m.
Spielfeldbreite 15m. 3 Spieler, 1 Ball.

Im Gegensatz zu den vorangegangenen Übungen korrigiert der Trainer nicht. Er kommentiert den letzten Lauf und spricht die Fehler an, z. B. „Spieler A 2 Ballkontakte“.

Zeit: 15 Minuten

Ablauf
Folgende Aufgabe an die 3 Spieler:
3 Spieler müssen hinter roter Linie stehen. Sie müssen sich dann mit Ball und jeweils nur einem Kontakt hinter die gegenüberliegende rote Linie bewegen. Der dritte Spieler muss den Ball hinter der roten Linie bekommen. Dabei müssen die Spieler selbst die Lösungen finden. Die Trainer werden erstaunt sein, wenn die Spieler alles richtig machen.

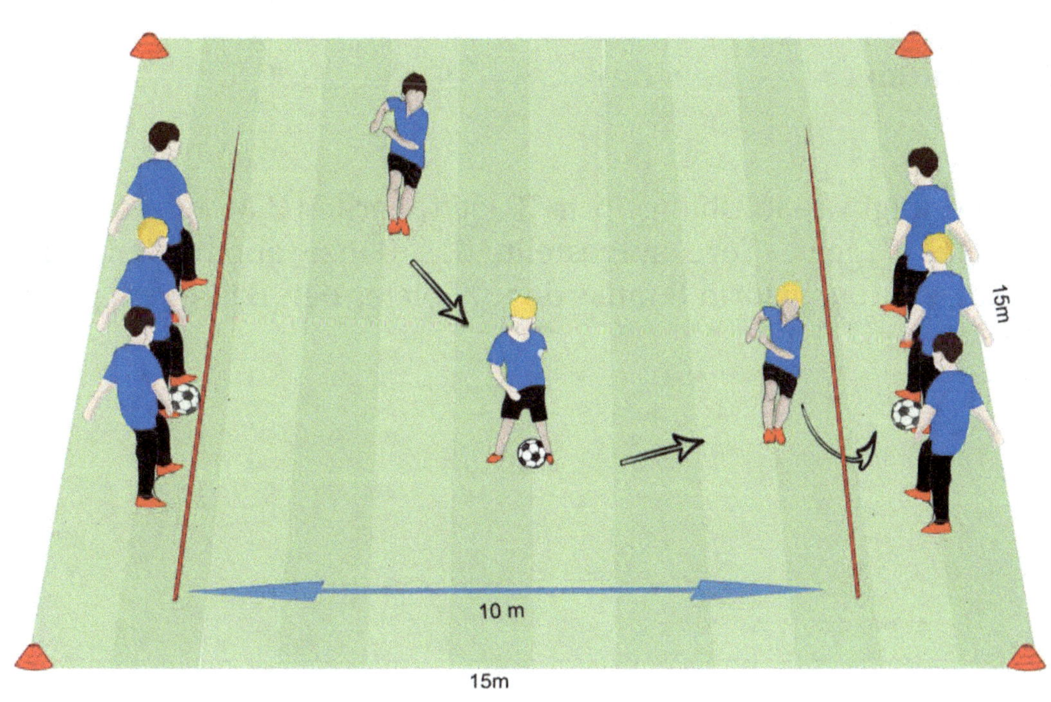
15m
10 m
15m

Übungsform 9: „Kombination selbst finden Teil 2“

Organisation
Wie in Übung 8. 3 gelbe Tore hinter beiden roten Linien.

Zeit: 20 Minuten

Ablauf
Der Ablauf erfolgt wie in Übungsform 8. Jetzt werden 2 Meter von der roten Linie entfernt 3 gelbe Tore aufgestellt. Das Ganze auf beiden Seiten. In Abänderung zu Übungsform 8 muss der 3. Spieler den Ball in ein gelbes Tor schießen.

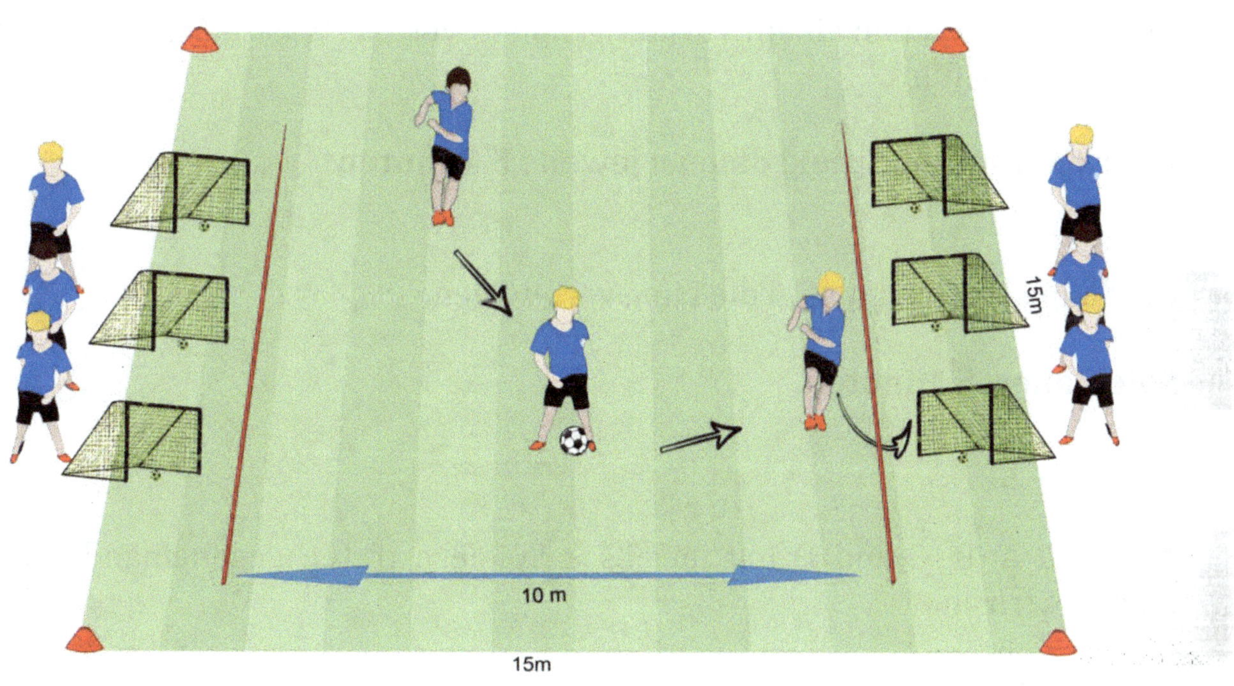
15m
10 m
15m

Übungsform 10: „Zwei gegen Zwei"

„Kleine Spiele"

Organisation
4 Mannschaften zu jeweils 2 Spieler.
Spielfeldgröße 10m x 10m.
Diese Übung kann in einem Turnier gespielt werden, was zu Motivation und Begeisterung führt.

Zeit: 30 Minuten; Spiele dauern jeweils 5 Minuten

Ablauf
Die Mannschaften müssen die Linie verteidigen.

Spieldauer: 5 Minuten.

2 gegen 2

4 Teams A, B, C und D mit jeweils 2 Spielern treten gegeneinander in 2 Spielfeldern an.

Kinder-Turnier:
A - C
B - D
A - B
C - D
A - D
C - B

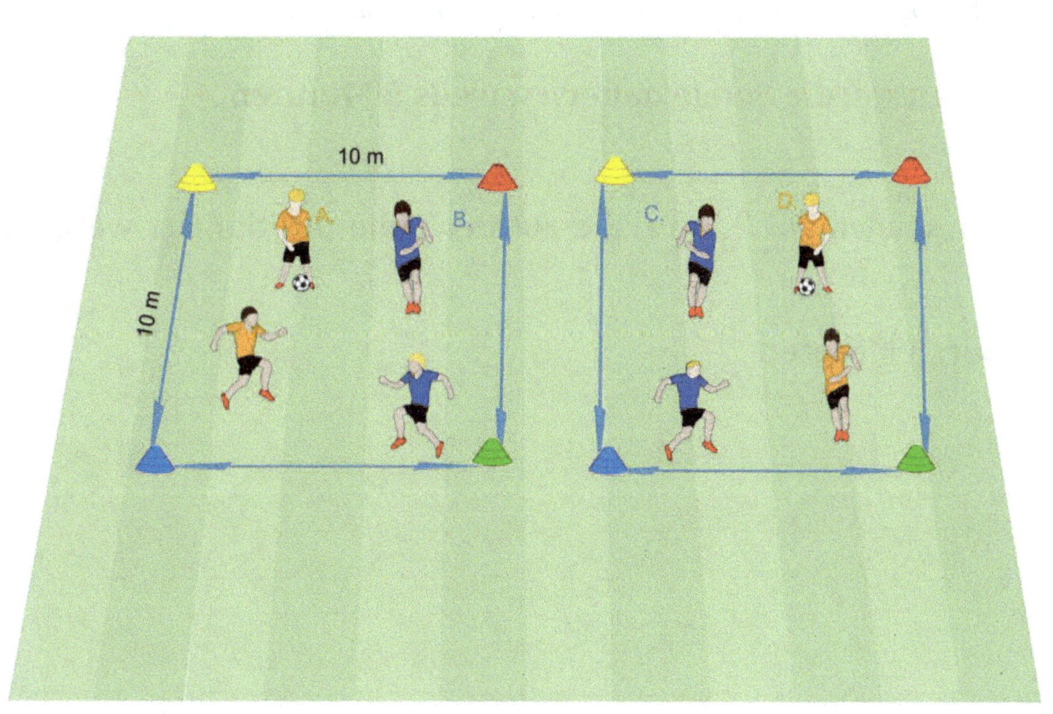
10 m
10 m
A.
B.
C.
D.

Übungsform 11: „Zwei gegen Zwei plus Zwei“

„Kleine Spiele“

Organisation
Wie bei Übungsform 10. Jeweils 2 Tore auf den Linien.

Zeit: 30 Minuten; die Spiele dauern jeweils 5 Minuten.

Ablauf
Die Spieler spielen auf 2 Tore, die auf der Linie positioniert werden. Kein Torwart.

Spieldauer: 5 Minuten

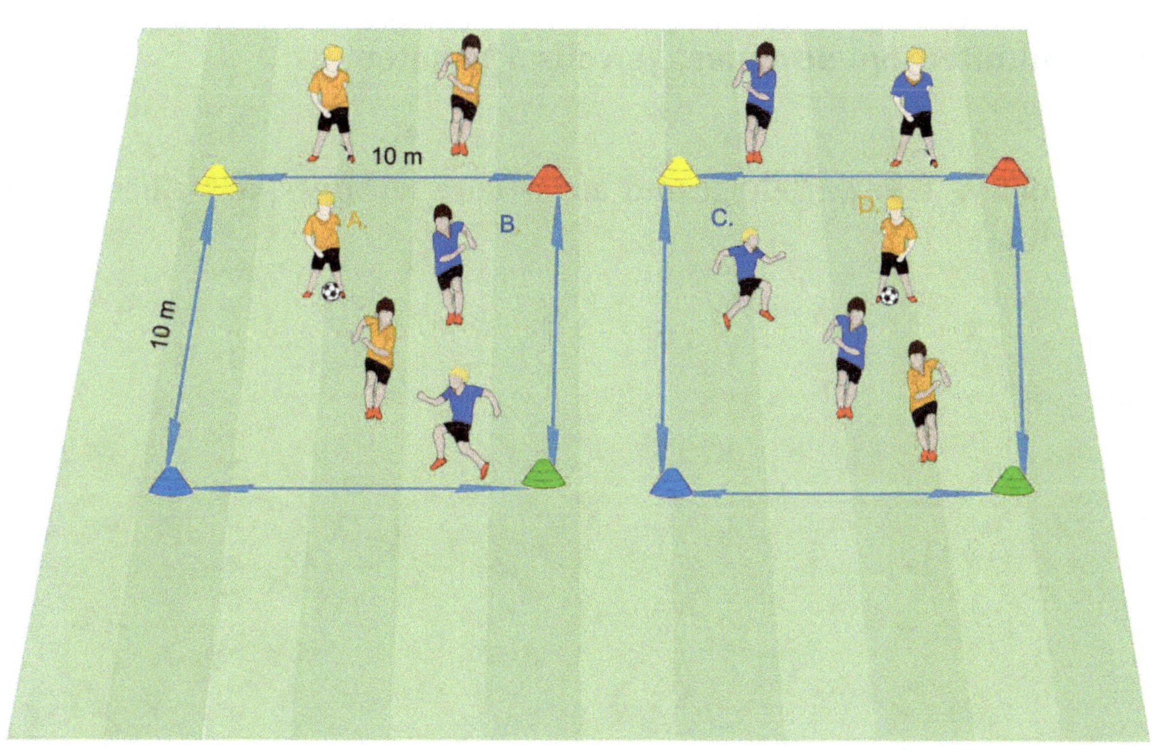
10 m
A.
B
10 m
C.
D.

Übungsform 12: „Zwei gegen Zwei plus Vier“

„Kleine Spiele“

Organisation
Wie bei Übung 11. Jeweils 4 Tore auf den Linien.

Zeit: 30 Minuten; Spiele dauern jeweils 5 Minuten.

Ablauf
Jetzt werden 4 Tore verteidigt und auf 4 Tore wird gespielt. Alles andere bleibt gleich.

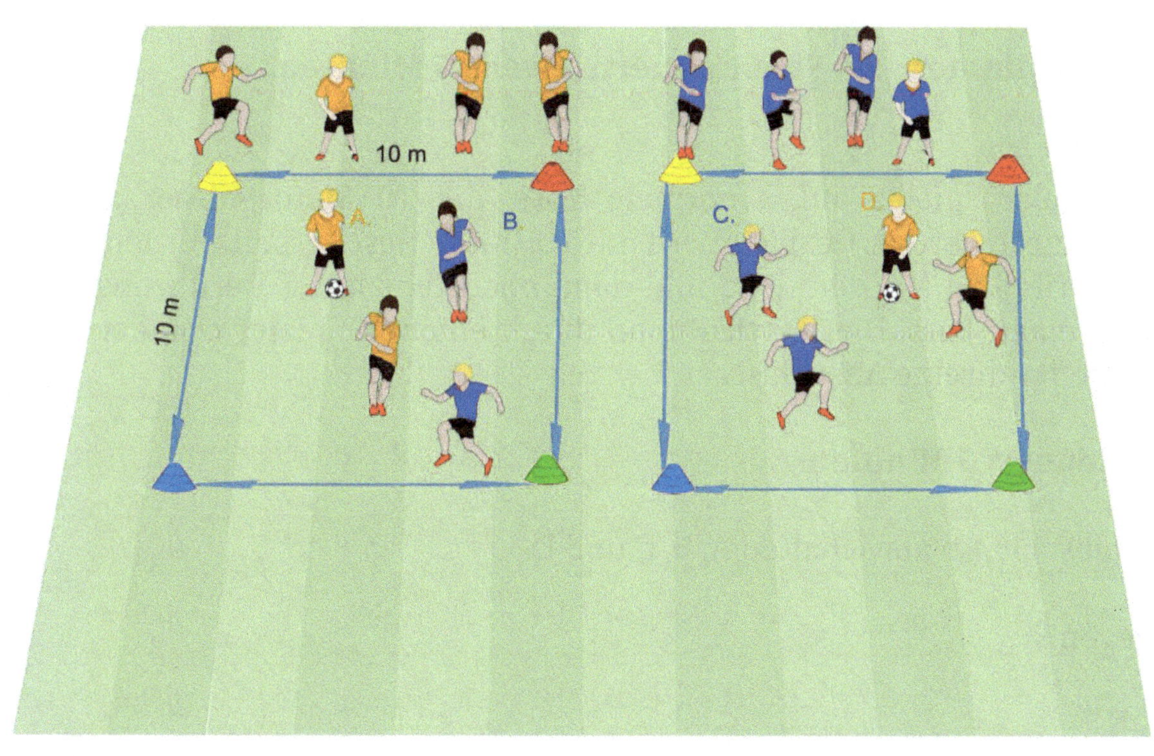
10 m
10 m
A.
B.
C.
D.

Übungsform 13: „Zwei gegen Zwei Tor“

„Kleine Spiele“

Organisation
Wie in Übungsform 10.

Zeit: 30 Minuten; die Spiele dauern jeweils 5 Minuten.

Ablauf
Die Spieler spielen auf 2 normale Tore, die 10 Meter hinter der Linie positioniert werden. Gespielt wird mit Torhüter. Geschossen werden darf nur nach Dribbling aus dem Feld und dann höchstens mit 2 Berührungen oder durch einen Pass. Dieser wird dann durch einen 2. Spieler erlaufen und es erfolgt der direkte Abschluss.

Spieldauer: 5 Minuten

Turnier mit 4 Mannschaften A, B, C und D.

3 gegen 3.

A - B
C - D
A - C
B - D
A - D
C - B

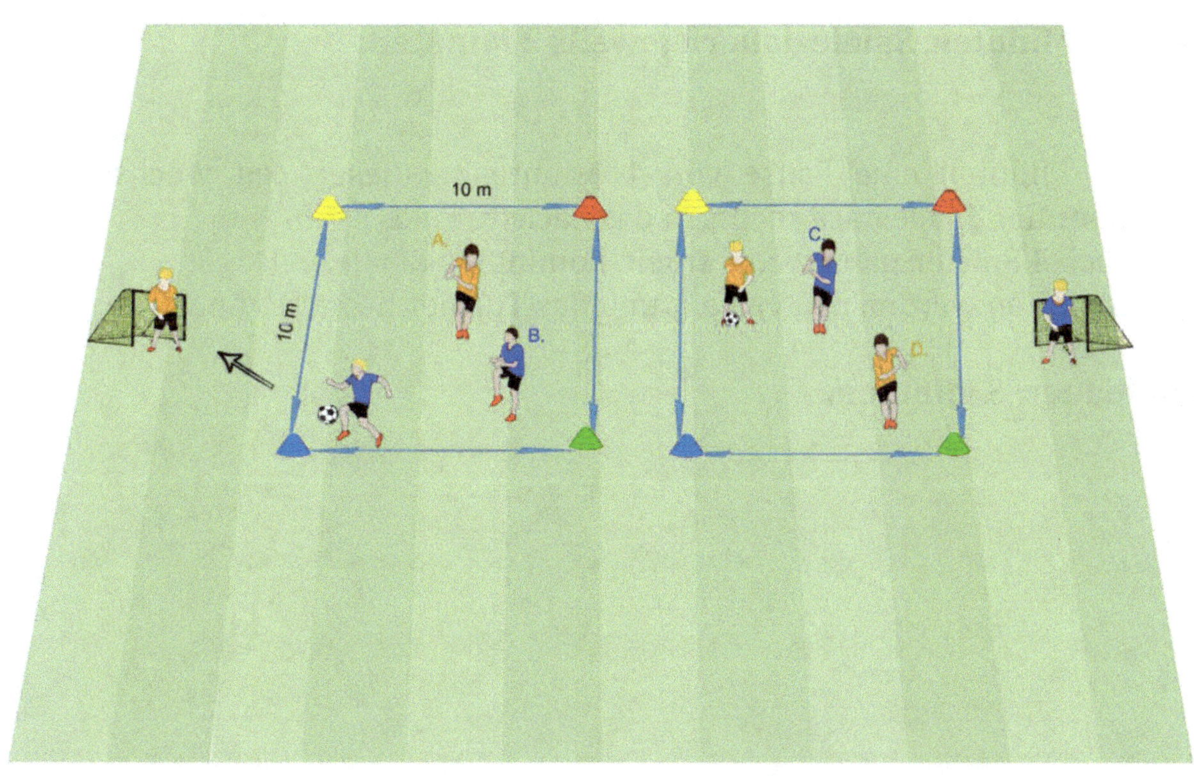
10 m
10 m
A.
B.
C.
D.

Übungsform 14: „Olympia"

Organisation
4 oder 5 Felder nebeneinander.
In jedem Feld stehen 4 Spieler die 2 gegen 2 spielen.

Zeit: 20 Minuten; Spiele dauern jeweils 2 Minuten.

Ablauf
Nach 2 Minuten eine Pause von 1 Minute. In dieser Zeit wechseln die Gewinner der Spiele nach rechts in das nächste Feld.
Wer nach 4 Spielen ganz rechts spielt, kommt ins Finale.
Mannschaften werden neu verteilt und das Turnier beginnt von vorne.

Spieldauer: 5 Minuten.

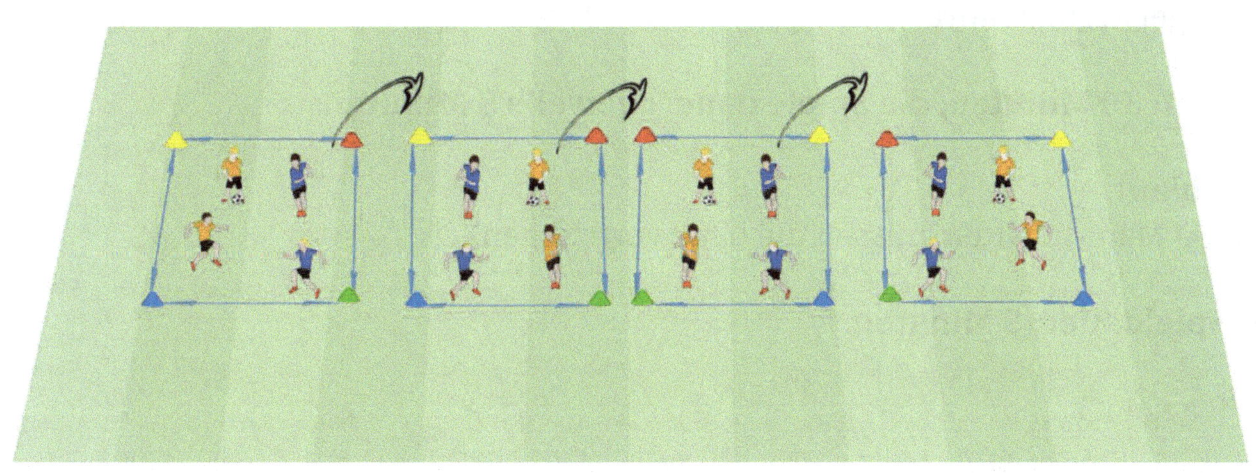

Übungsform 15: „Drei gegen Drei Linie"

„Kleine Spiele"

Organisation
4 Mannschaften zu jeweils 3 Spieler.
Spielfeldgröße 10m x 10m.
Diese Übung kann in einem Turnier gespielt werden, was zu Motivation und Begeisterung führt.

Zeit: 30 Minuten; die Spiele dauern jeweils 5 Minuten.

Ablauf
Die Mannschaften müssen die Linie verteidigen.

Spieldauer: 5 Minuten.

3 gegen 3

4 Teams A, B, C und D mit jeweils 3 Spielern treten gegeneinander in 2 Spielfeldern an.

Kinder-Turnier A - C
B - D
A - B
C - D
A - D
C - B

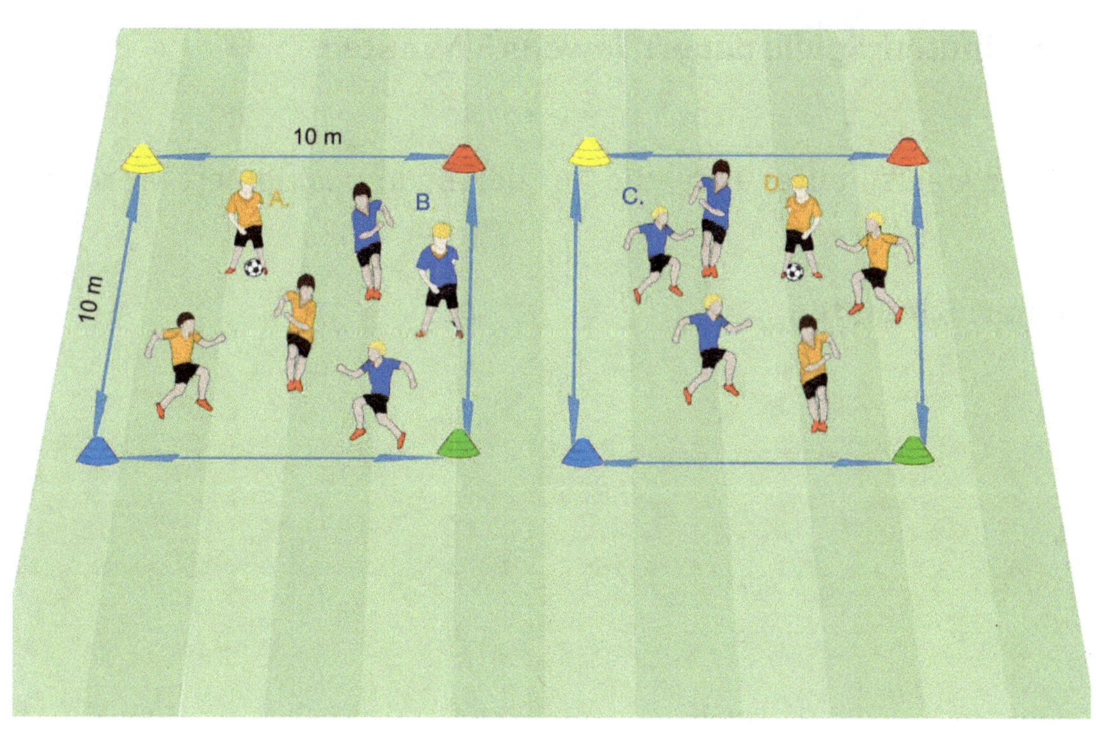
10 m
10 m
A.
B
C.
D.

Übungsform 16: „Drei gegen Drei Teil 1“

„Kleine Spiele“

Organisation
Wie bei Übung 15. Jeweils 1 Tor auf den Linien.

Zeit: 30 Minuten; Spiele dauern jeweils 5 Minuten.

Ablauf
Die Spieler spielen auf 2 Tore, die auf der Linie positioniert werden. Kein Torwart.

Spieldauer: 5 Minuten

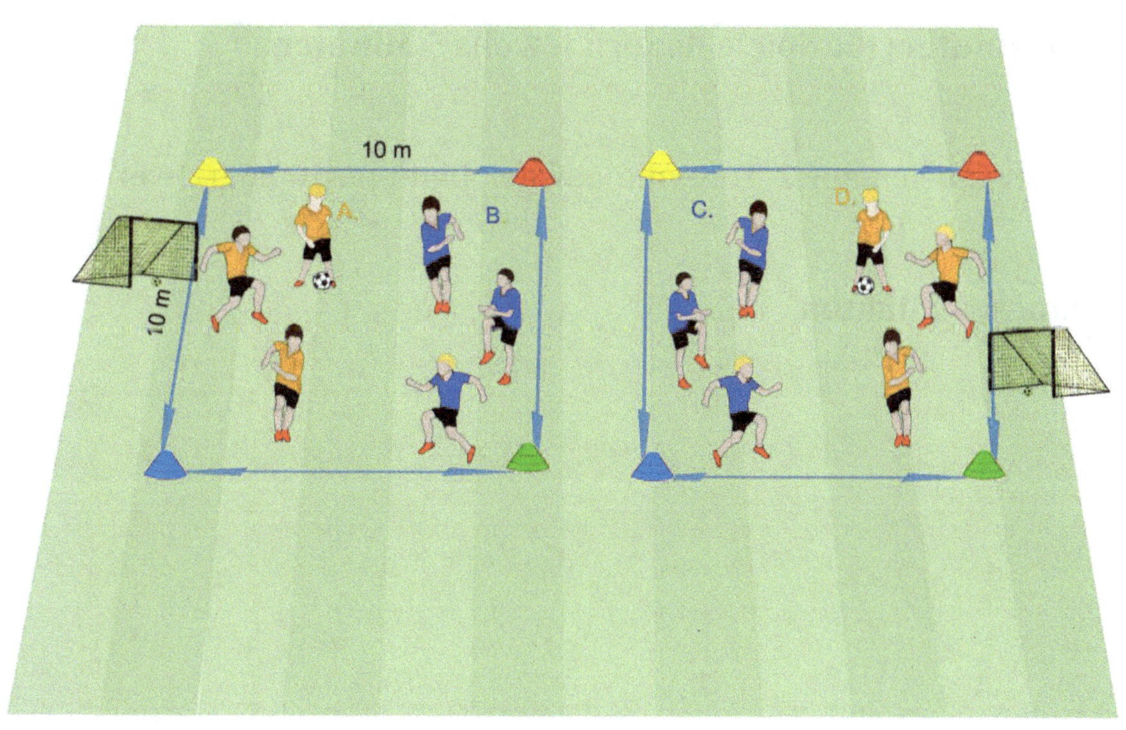
10 m
10 m
A.
B
C.
D.

Übungsform 17: „Drei gegen Drei Teil 2“

„Kleine Spiele“

Organisation
Wie bei Übung 15. Jeweils 1 Tor auf den Linien.

Zeit: 30 Minuten; die Spiele dauern jeweils 5 Minuten.

Ablauf
Die Spieler spielen auf 2 Tore, die auf der Linie positioniert werden. Kein Torwart.

Spieldauer: 5 Minuten

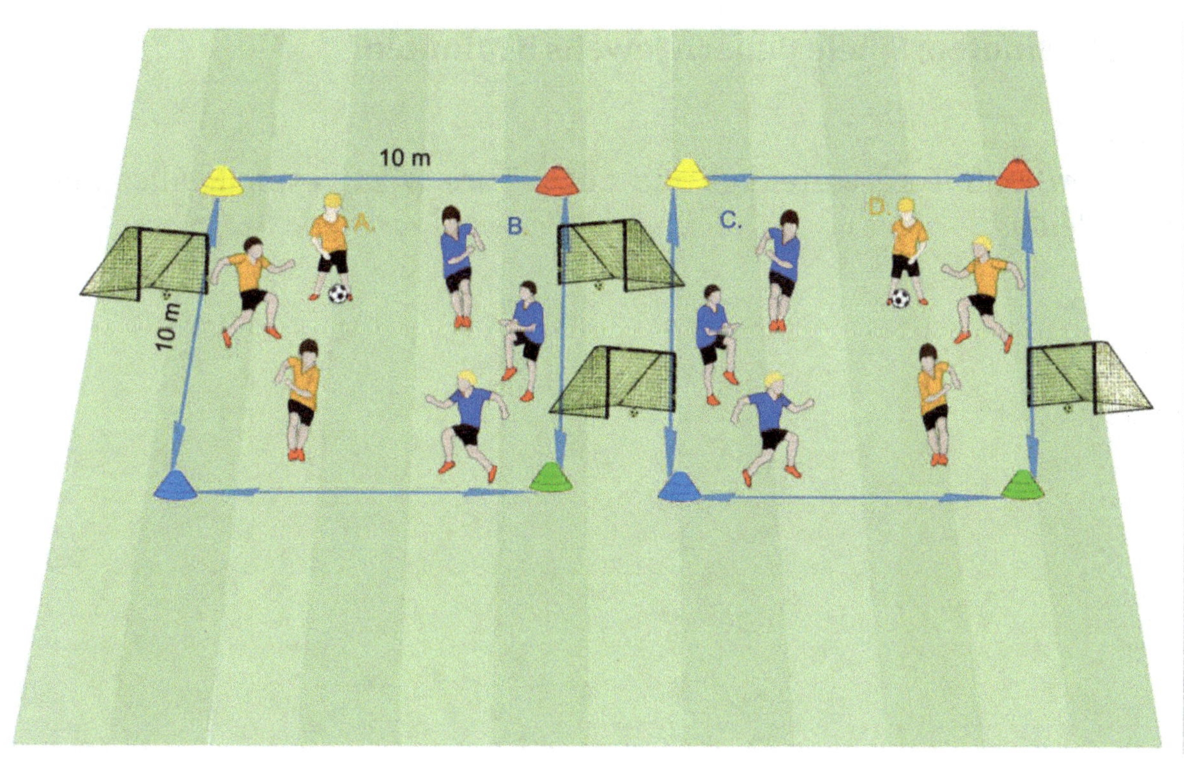
10 m
10 m
A.
B.
C.
D.

Übungsform 18: „Drei gegen Drei Teil 3“

„Kleine Spiele“

Organisation
Wie bei Übung 15. Jeweils 3 Tore auf den Linien.

Zeit: 30 Minuten; Spiele dauern jeweils 5 Minuten.

Ablauf
Jetzt werden 3 Tore verteidigt und auf 3 Tore wird gespielt. Alles andere bleibt gleich.

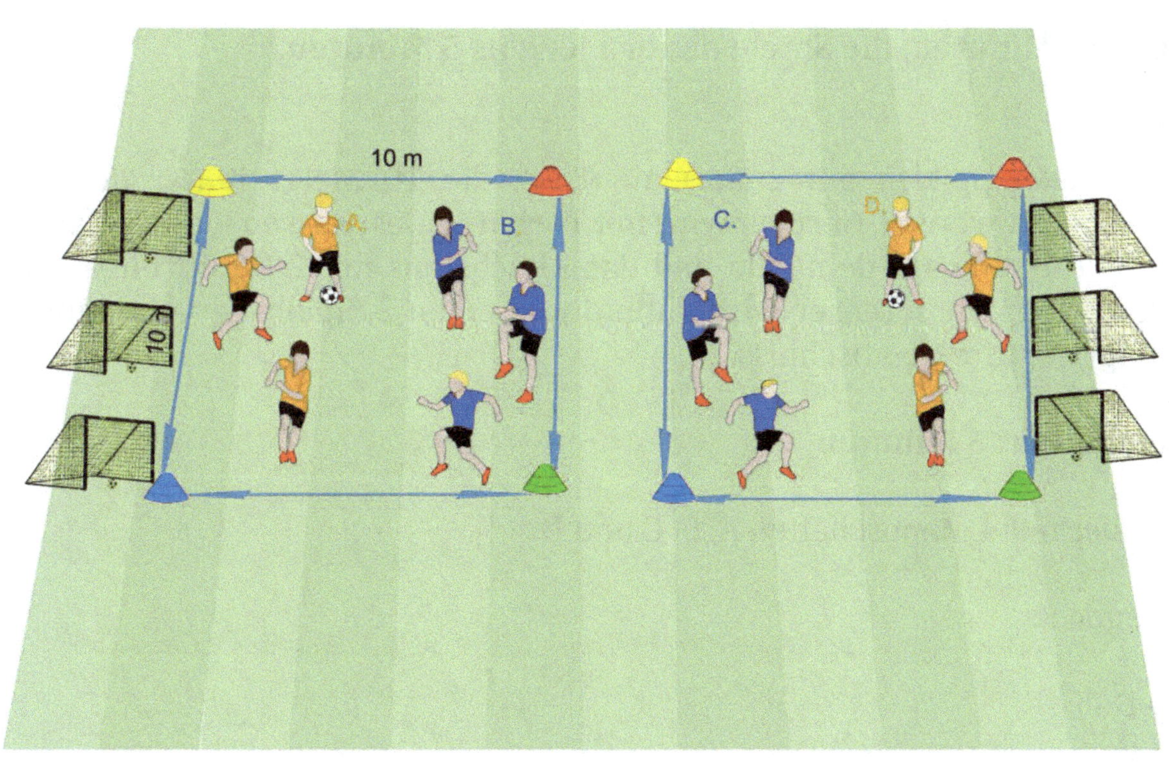
10 m
A.
B.
C.
D.

Übungsform 19: „Drei gegen Drei Teil 4“

„Kleine Spiele“

Organisation
Wie bei Übungsform 15

Zeit: 30 Minuten; die Spiele dauern jeweils 5 Minuten.

Ablauf
Die Spieler spielen auf 2 normale Tore, die 10 Meter hinter der Linie positioniert werden. Gespielt wird mit Torhüter. Geschossen werden darf nur nach Dribbling aus dem Feld und dann höchstens mit 2 Berührungen oder durch einen Pass. Dieser wird dann durch einen 2. Spieler erlaufen und es erfolgt der direkte Abschluss.

Spieldauer: 5 Minuten

Turnier mit 4 Mannschaften A, B, C und D.

3 gegen 3.

A - B
C - D
A - C
B - D
A - D
C - B

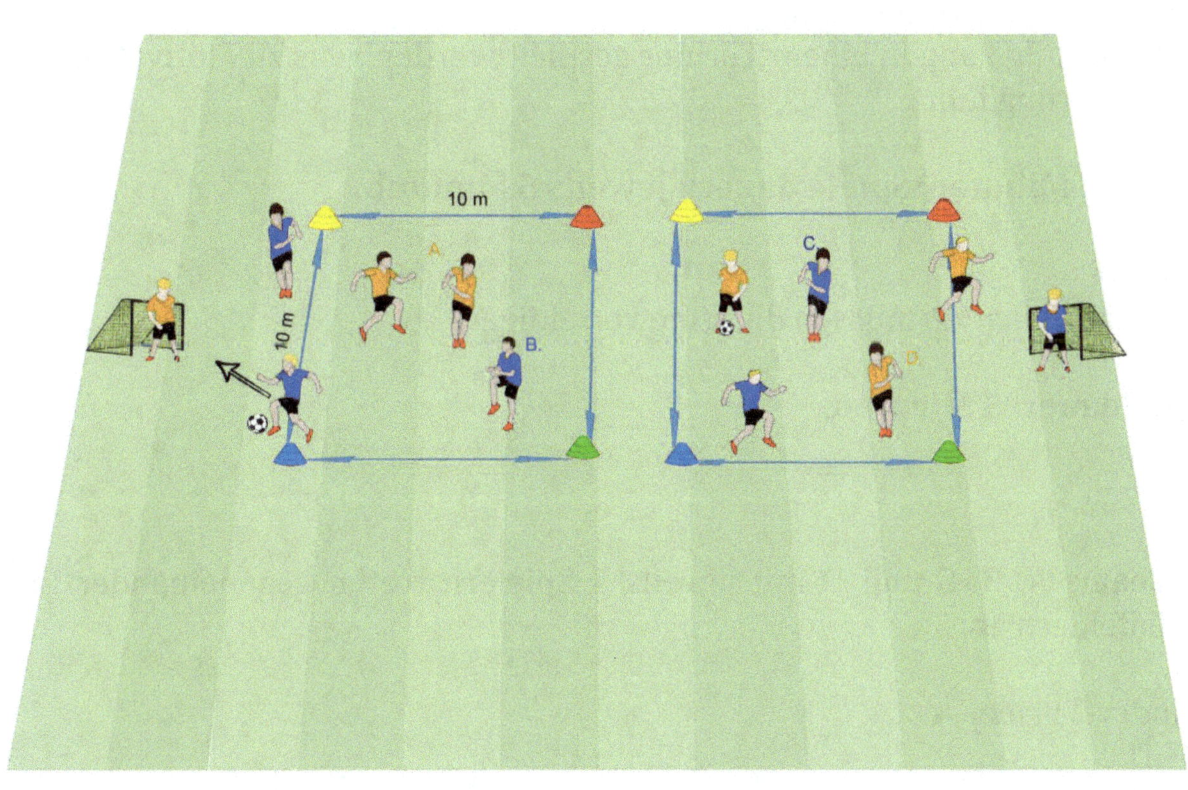
10 m
10 m
A.
B.
C.
D.

Übungsform 20: „Drei gegen Drei plus Eins"

„Kleine Spiele"

Organisation
4 Mannschaften zu jeweils 3 + 1 Spieler.
Spielfeldgröße 10m x 10m.
Diese Übung kann in einem Turnier gespielt werden, was zu Motivation und Begeisterung führt.

Zeit: 30 Minuten; Spiele dauern jeweils 5 Minuten.

Ablauf
Die Mannschaften müssen die Linie verteidigen.

Spieldauer: 5 Minuten.

3 gegen 3

4 Teams A, B, C und D mit jeweils 3 Spielern treten gegeneinander in 2 Spielfeldern an.

Kinder-Turnier A - C
B - D
A - B
C - D
A - D
C - B

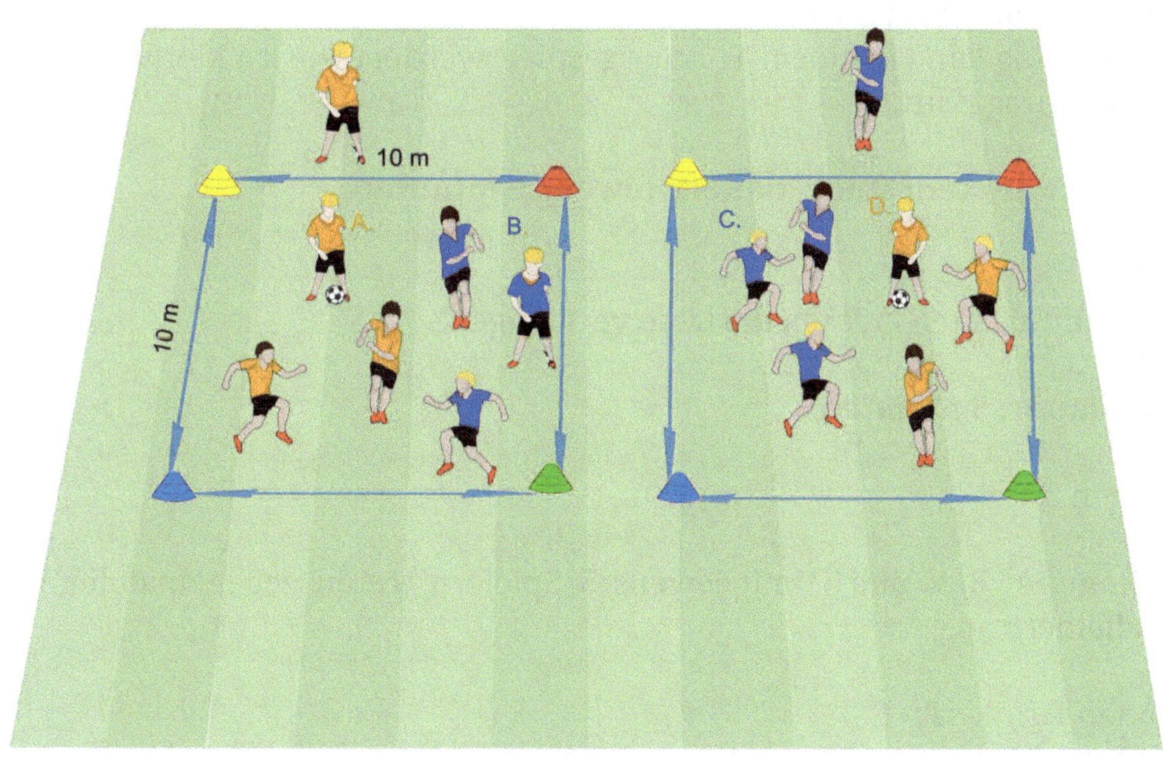
10 m
10 m
A.
B.
C.
D.

Übungsform 21: „Drei gegen Drei plus Zwei“

„Kleine Spiele“

Organisation
4 Mannschaften zu jeweils 3 + 2 Spieler.
Spielfeldgröße 10m x 10m.
Diese Übung kann in einem Turnier gespielt werden, was zu Motivation und Begeisterung führt.

Zeit: 30 Minuten; Spiele dauern jeweils 5 Minuten.

Ablauf
Die Mannschaften müssen die Linie verteidigen.

Spieldauer: 5 Minuten.

3 gegen 3

4 Teams A, B, C und D mit jeweils 3 Spielern treten gegeneinander in 2 Spielfeldern an.

Kinder-Turnier A - C
B - D
A - B
C - D
A - D
C - B

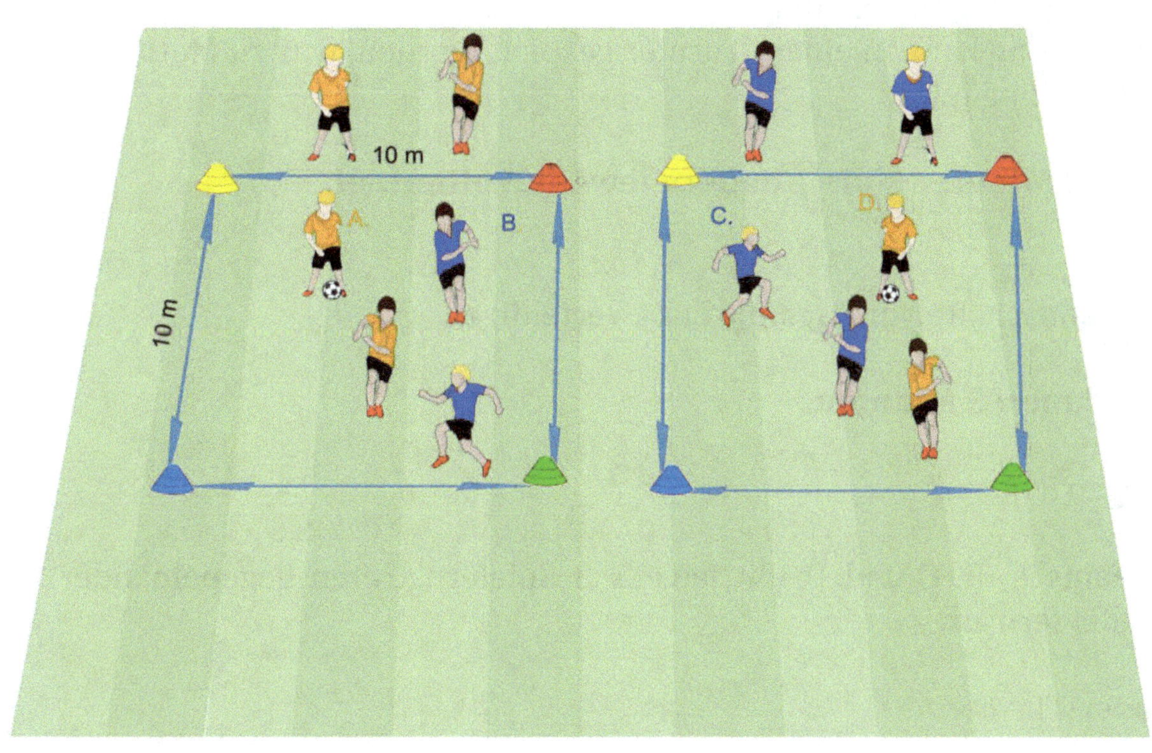
10 m
A.
B
10 m
C.
D.

Übungsform 22: „Drei gegen Drei plus Drei“

„Kleine Spiele“

Organisation
4 Mannschaften zu jeweils 3 + 3 Spieler.
Spielfeldgröße 10m x 10m.
Diese Übung kann in einem Turnier gespielt werden, was zu Motivation und Begeisterung führt.

Zeit: 30 Minuten; Spiele dauern jeweils 5 Minuten.

Ablauf
Die Mannschaften müssen die Linie verteidigen.

Spieldauer: 5 Minuten.

3 gegen 3

4 Teams A, B, C und D mit jeweils 3 Spielern treten gegeneinander in 2 Spielfeldern an.

Kinder-Turnier A - C
B - D
A - B
C - D
A - D
C - B

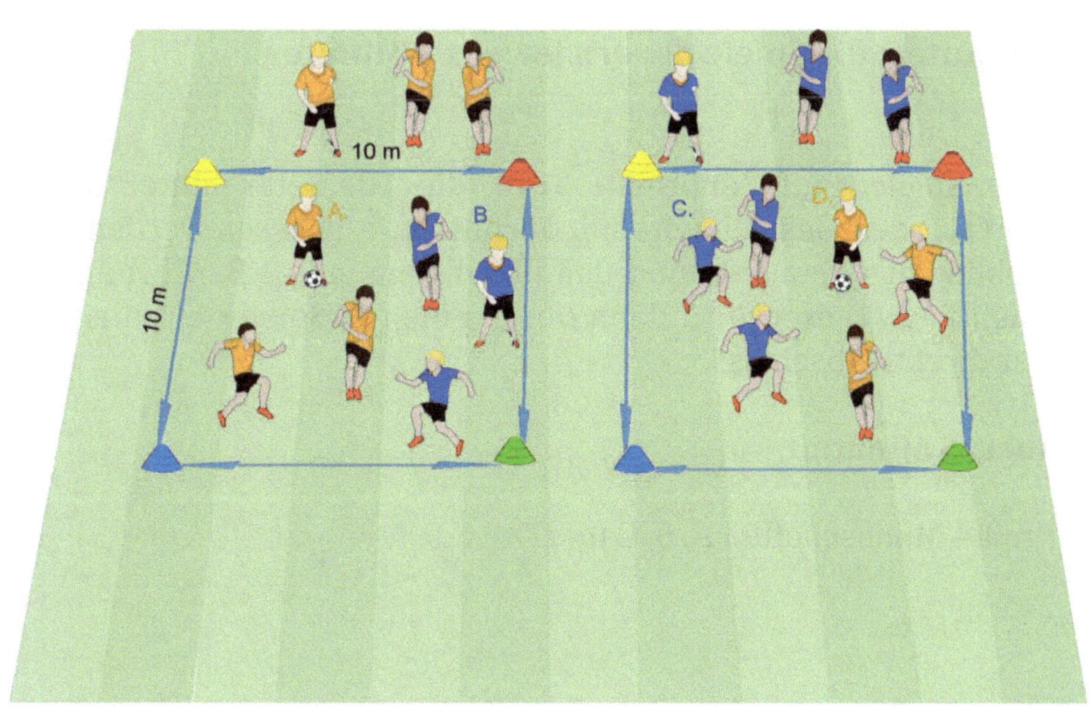
10 m
10 m
A.
B.
C.
D.

Übungsform 23: „Drei gegen Drei plus Drei Tor“

„Kleine Spiele“

Organisation
Wie bei Übungsform 15.

Zeit: 30 Minuten; die Spiele dauern jeweils 5 Minuten.

Ablauf
Die Spieler spielen auf 2 normale Tore, die 10 Meter hinter der Linie positioniert werden. Gespielt wird mit Torhüter. Geschossen werden darf nur nach Dribbling aus dem Feld und dann höchstens mit 2 Berührungen oder durch einen Pass. Dieser wird dann durch einen 2. Spieler erlaufen und es erfolgt der direkte Abschluss.

Spieldauer: 5 Minuten

Turnier mit 4 Mannschaften A, B, C und D.

3 gegen 3.

A - B
C - D
A - C
B - D
A - D
C - B

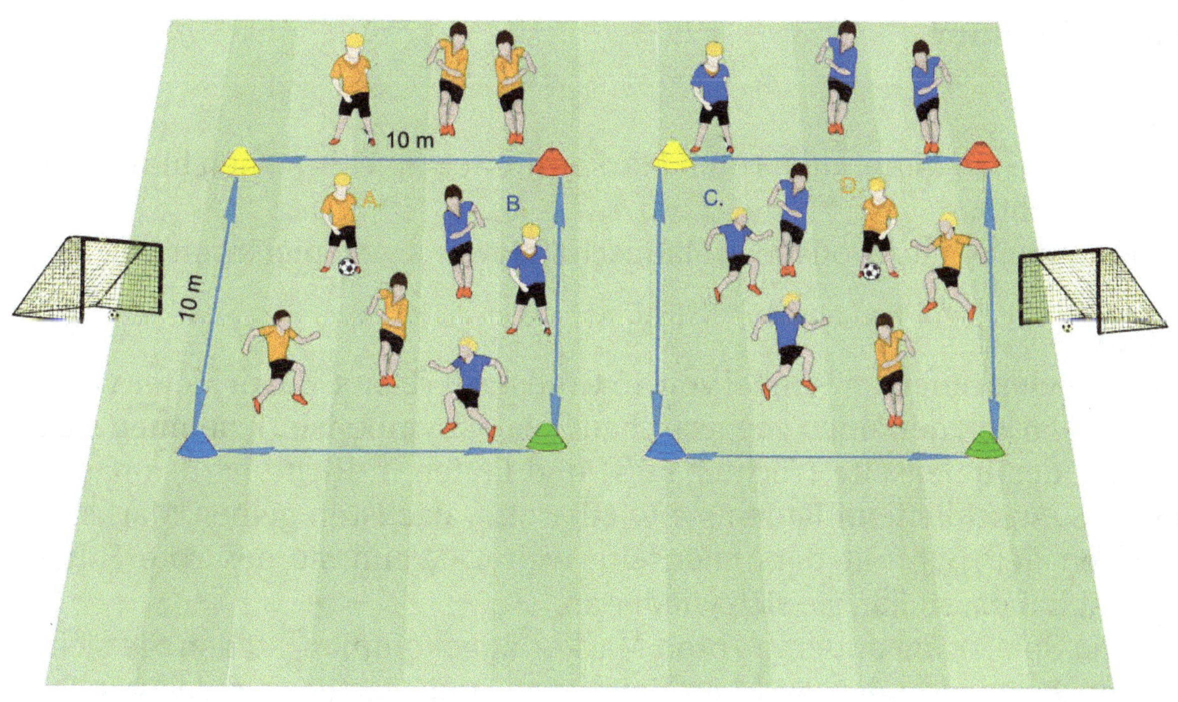
10 m
10 m
A.
B
C.
D

Übungsform 24: „Zickzack“

Organisation
8 bis 12 gelbe Markierung im Abstand von 5 Metern und 45 Grad aufbauen. 2 rote Markierungen jeweils an Start und Ende. 12 Spieler.

Zeit: 20 Minuten

Ablauf
6 Spieler stehen hinter dem roten Marker links, 6 Spieler stehen hinter rotem Marker rechts.
Auf Kommando läuft von jeder Mannschaft jeweils ein Spieler mit Ball los.

Aufgabe
Beide Spieler laufen im Winkel von 45 Grad nach rechts. Einen Meter vor dem gelbem Marker, der einen gegnerischen Spieler symbolisiert, nehmen sie den Ball mit der Innenseite (rechter Fuß) und laufen in Richtung des nächsten Markers. Anschließend laufen sie wieder zum nächsten gelben Marker und bewegen den Ball mit der Innenseite weiter. Wenn sie das rote Hütchen erreicht haben, stellen sie sich wieder an.
Sind die Spieler am anderen roten Marker angekommen, stellen Sie sich bei dem noch anwesenden anderen Spieler an und warten, bis der vor ihnen startende Spieler am 3. Marker ankommt. So laufen alle Spieler eine Runde.
Wenn sie 3 Runden gelaufen sind, erklärt der Trainer ihnen eine neue Übung.

a) Innenseite
b) Außenseite
c) Übersteiger

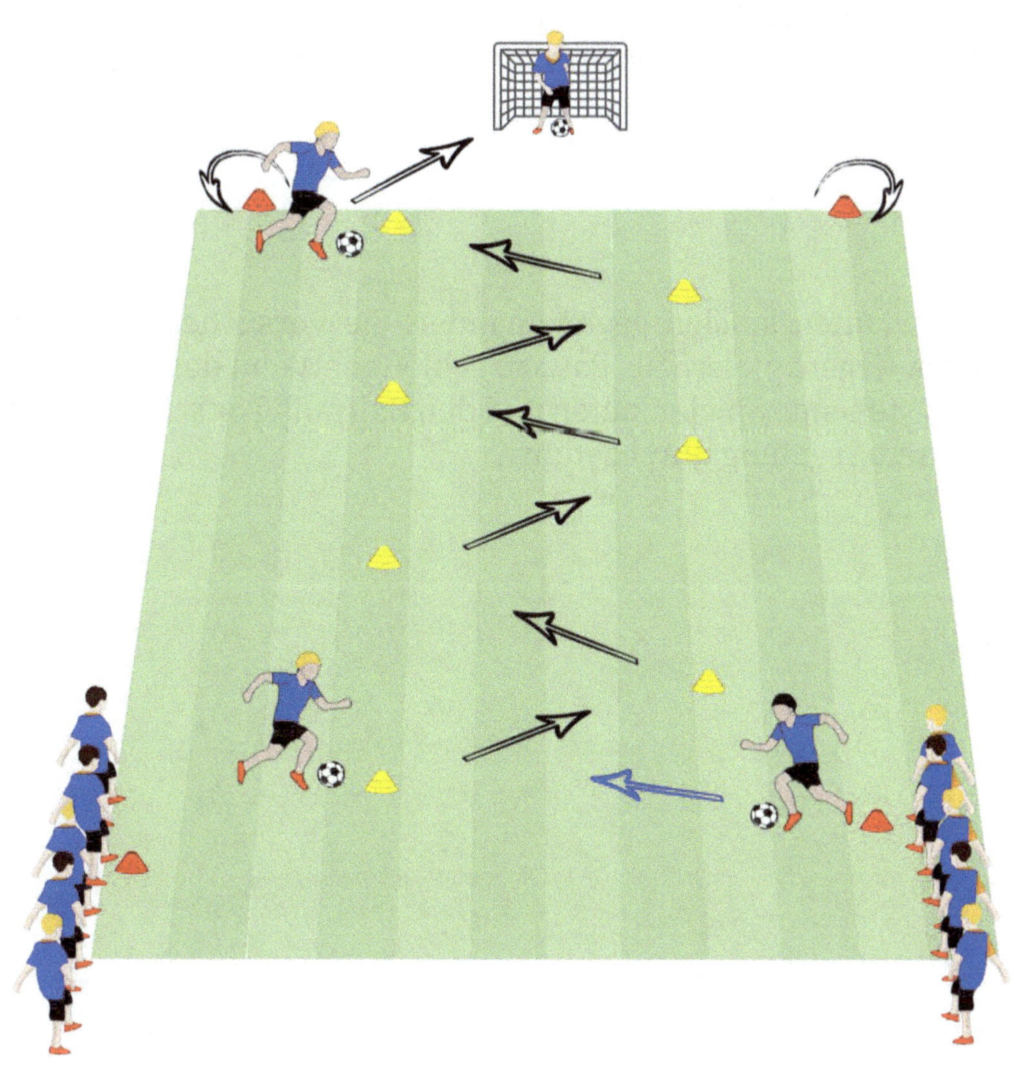

Übungsform 25: „Passen“

Organisation
Spielfeldgröße 8m mal 8m. Das Feld befindet sich an der Mittellinie.
Dabei geht das Spielfeld jeweils 4m in die eine und die andere Richtung. 4 Spieler treten gegen 4 Spieler an.

Zeit: 5 Minuten

Ablauf
Beide Mannschaften spielen gegeneinander. Sie versuchen dabei den Ball zwischen den Gegenspielern als Pass zu schießen. Wenn das gelingt, darf der am nächsten stehende Spieler laufen und den Ball aufs Tor schießen. Das Spiel wird mit Abseitsregelung durchgeführt.

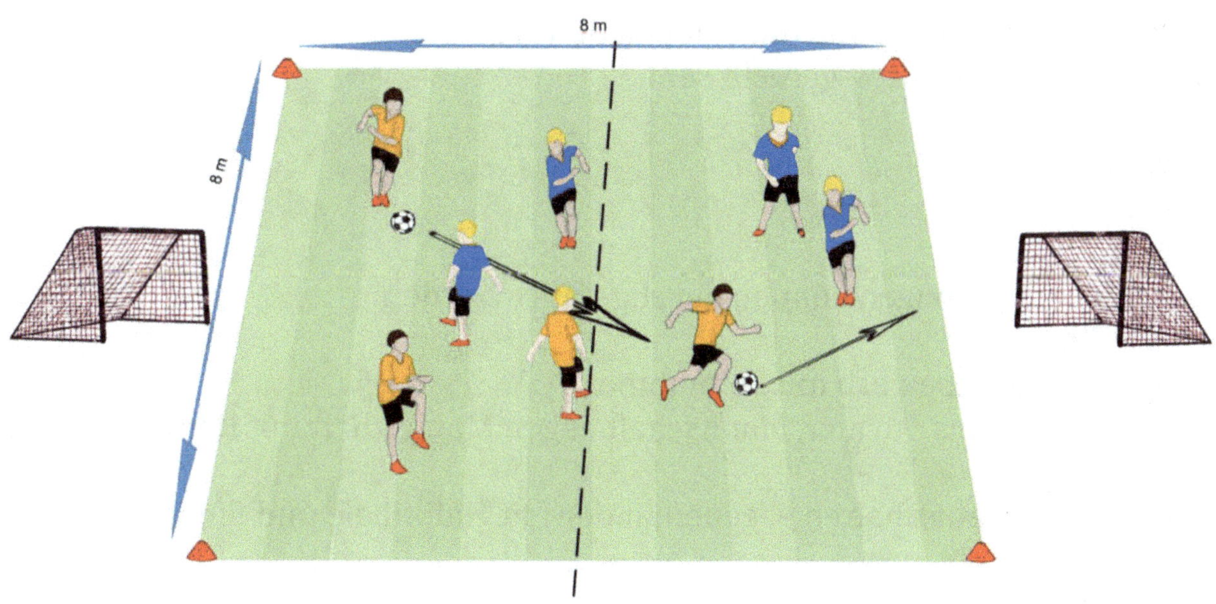
8 m
8 m

Übungsform 26: „Biathlon“

Organisation
Man kennt Biathlon als Wintersportart, aber man kann es auch auf dem Fußballplatz, für Fußballer umfunktionieren.
3 1m-Tore werden im großen Tor platziert.
Mit Marker wird ein Start und Zielkorridor markiert. Eine Runde zu dem großen Tor und eine Strafrunde neben dem Tor.
Laufrunden sollen altersgerecht sein.

Zeit: 30 Minuten

Ablauf
Verschiedene Übungen können durchgeführt werden.

A) Einzelwettbewerb mit Zeitnahme
B) Zu zweit, als Turnier, Mannschaft gegen Mannschaft mit Halbfinale und Finale
C) Vierermannschaften gegeneinander mit Halbfinale und Finale

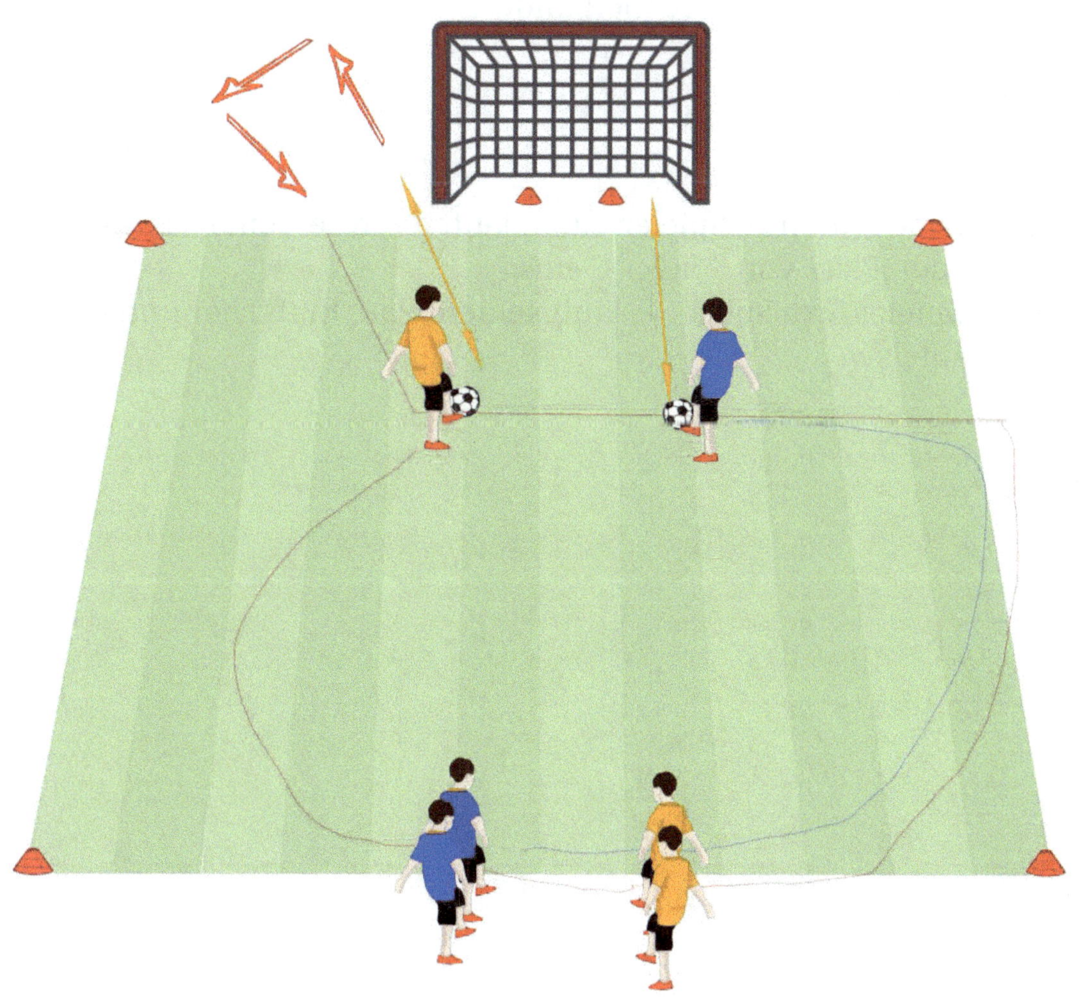

Übungsform 27: „Vor dem Spiel“

Organisation
Die Spieler stehen im Kreis nebeneinander.

Zeit: 10 Minuten

Ablauf
Spieler A spielt den Ball zu Spieler C und läuft dann seinem Pass hinterher. Er nimmt dann den Platz von Spieler C ein.
Dann spielt Spieler C zu Spieler F, läuft seinem Pass hinterher und nimmt den Platz von F ein usw.

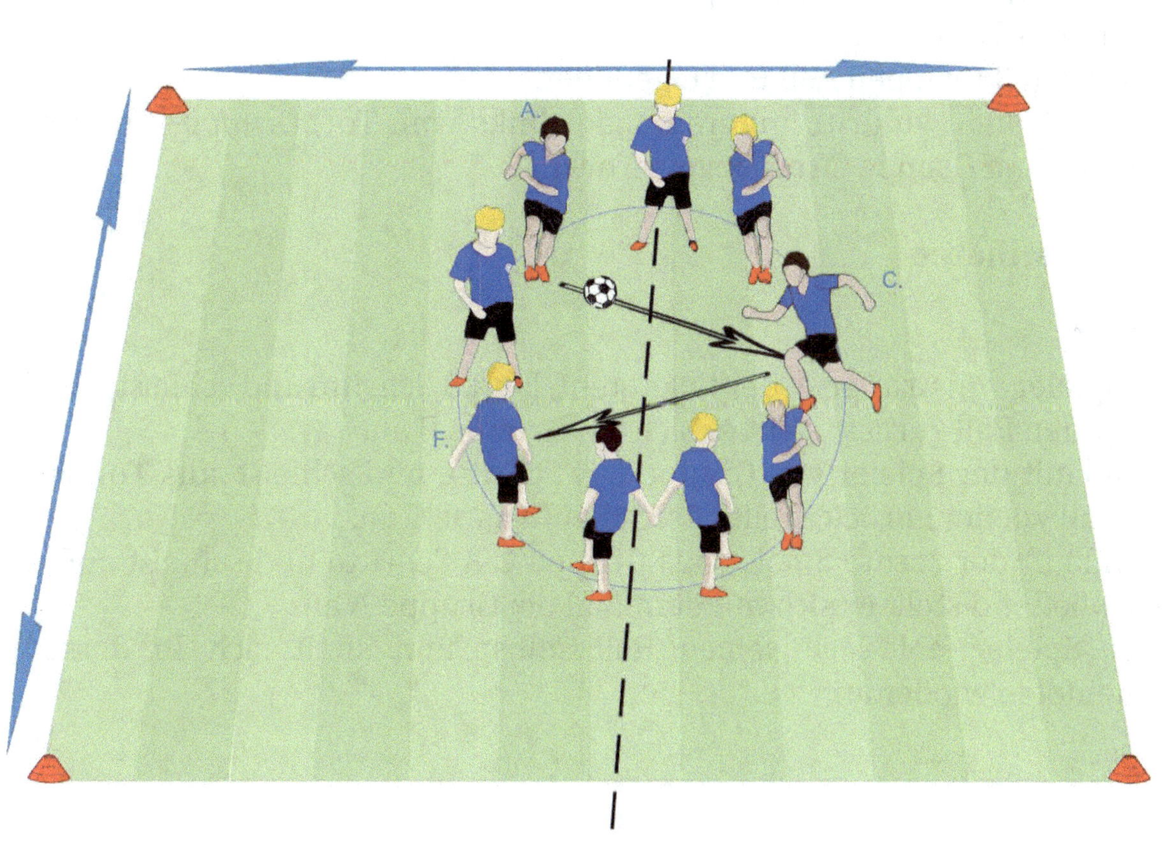
A.
C.
F.

Übungsform 28: „Tor schießen"

Organisation
Der Torwart steht im Tor. 9 Spieler haben einen Ball am Fuß und stehen 10 Meter vom Tor entfernt.
Es werden 3 Gruppen A, B und C gebildet.
Gruppe A steht zu dritt hintereinander links vom Tor, Gruppe B mittig vor dem Tor und Gruppe C rechts vom Tor.

Zeit: 10 Minuten

Ablauf
Der Spieler von Gruppe A, der links steht, läuft 3 Schritte und schießt aufs Tor. Hat er den Ball zurück, stellt er sich bei Gruppe B an.
Dann läuft der Spieler von Gruppe B 3 Schritte und schießt aufs Tor. Hat er den Ball wieder zurück, stellt er sich bei Gruppe C an.
Dann läuft der rechte Spieler aus Gruppe C 3 Schritte und schießt aufs Tor. Anschließend stellt er sich mit dem Ball bei Gruppe A an.
Jeder Spieler holt sich seinen Ball selbst und stellt sich in derselben Reihenfolge wieder an.

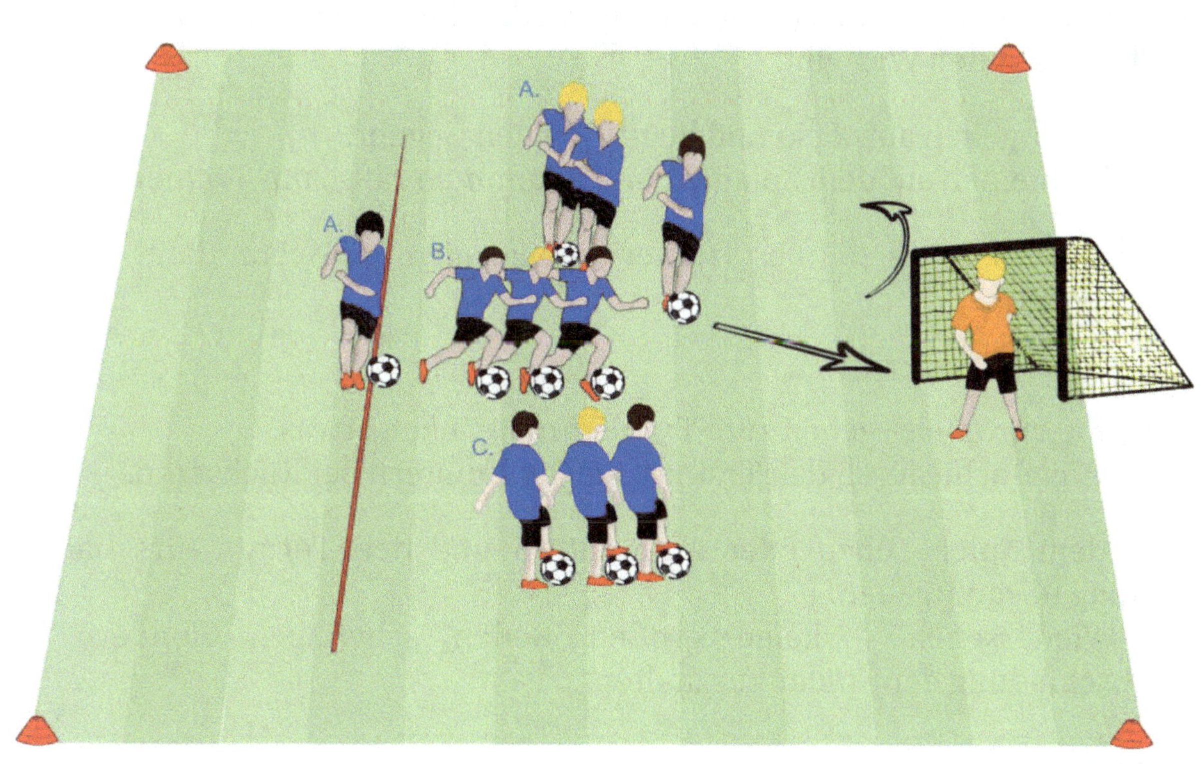
A.
A.
B.
C.

5 Minuten vor Spielbeginn

Organisation
Die Spieler gehen Trinken, stellen ihre Flaschen an den Rand und dürfen kurz zu ihren Eltern.
Sie kommen dann zu ihrem Trainer zurück der ihnen den Satz „Habt ein gutes Spiel" mit auf den Weg gibt.

Alle Spieler gehen aufs Feld und begrüßen den Gegner.
7 Spieler bleiben auf dem Spielfeld und 2 kommen raus zum Trainer.

Während des Spiels soll der Trainer wenig sagen und wenn dann nur Lob aussprechen.

Halbzeit:
Keine Eltern. Spieler gehen zum Trainer und trinken etwas.
Kurze Ansprache durch den Trainer. Ggf. aufmuntern bei Rückstand.

Nach dem Spiel: Loben oder Aufmuntern und den Termin fürs nächste Training bekanntgeben.
Auf Wiedersehen – keine großen Reden schwingen, sondern die Verabschiedung der Kinder kurzhalten.

Schlussteil
Beim Abschlussspiel können mehrere Aufgaben erfüllt werden.
Dies sollte aber nur ein Drittel der Zeit in Anspruch nehmen. Die anderen zwei Drittel sollen die Spieler selbst und ohne Kommentar spielen. So kann der Trainer beobachten, was seine Spieler ad hoc anbieten und was nicht. Was noch nicht gut funktioniert hat, muss besprochen werden und in die nächsten Trainingseinheiten einfließen.

Das Abschlussspiel

Organisation
Normales Spielfeld wie im Ligabetrieb.
2 Mannschaften zu jeweils 6 Spielern mit Torwart, die alle spielen sollen.

Zeit: 30 Minuten

Ablauf
Normales Spiel

Variation
Ein Tor, das mit dem schwachen Fuß erzielt wurde, ergibt 2 Punkte. Ein Tor, das mit einem Kontakt erzielt wurde, ergibt ebenfalls 2 Punkte.

Torwart
In diesem Alter muss nicht unbedingt ein Torwart ausgebildet werden. Sinnvoll ist es, wenn jeder Spieler einmal ins Tor geht.
Wie bei vielen Bereichen bestätigen auch hier Ausnahmen die Regel. Es gibt Torwart-Talente. Hat man diese erkannt, sollen diese bei Technikübungen öfters als Spieler agieren, denn nicht nur in der heutigen Zeit muss ein Torwart auch mit dem Ball spielen können („mitspielender Torhüter").

Kleine freie Spiele
Beim Training und bei den späteren Spielen kommt den Eltern eine wichtige Bedeutung zu. Sie sind immer emotional dabei, was ein ganz normales Verhalten ist. Jedes Elternteil will den Sohn oder die Tochter gut spielen sehen.
Von der U6 bis zur U10 wird ohne Schiedsrichter gespielt. Die Trainer müssen sich dabei zurückhalten und während eines Spiels keine Schiedsrichterentscheidungen treffen. Das machen die Kinder in den entsprechenden Situationen selbst.
Sinn dahinter ist der Spaßfaktor. Es gibt keine Probleme und bereitet den Kindern Freude.

Test 1: „30-Meter-Sprint“

Die Spieler müssen 30 Meter Laufen, während die Zeit gestoppt wird.
Am Start stehen zwei rote Hütchen mit drei Meter Abstand. Mittig von diesen Hütchen steht der Spieler und läuft auf Kommando 30 Meter.
Das Ziel steht geradeaus 30 Meter entfernt gekennzeichnet mit zwei roten Hütchen.
Eine gedachte Linie ist das Ziel.
Dort steht der Trainer und misst die Zeit.

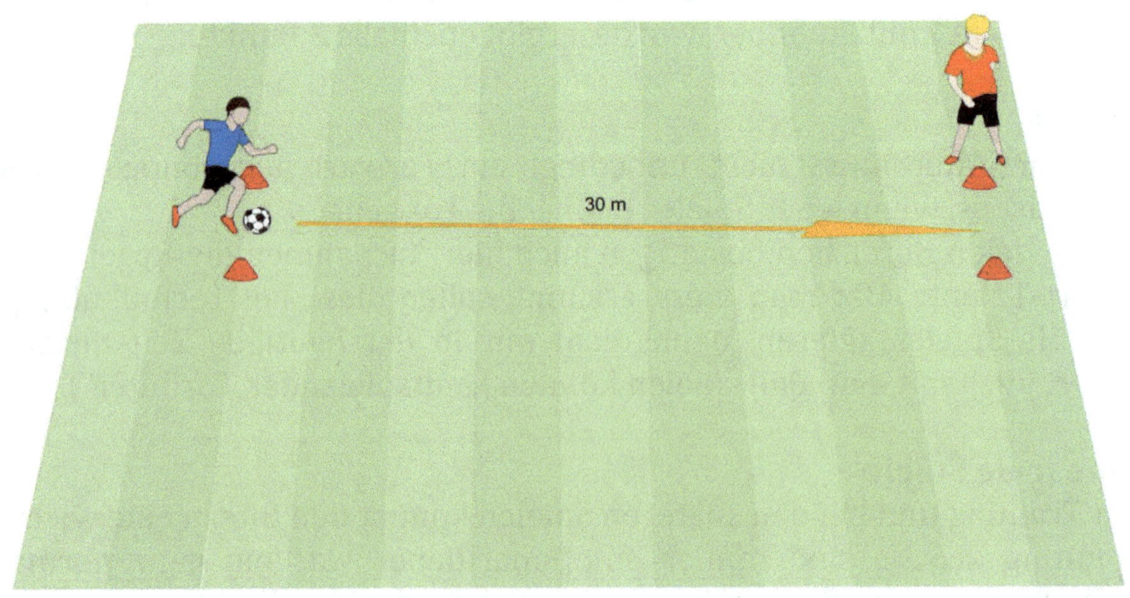

Test 2: „Jonglieren“

Aufbau:
4 rote Hütchen 8 Meter auseinander im Viereck.

Ablauf:
Ein Spieler geht ins Viereck und versucht so lange wie möglich zu jonglieren. Fällt der Ball auf den Boden, wird die Zahl der gültigen Kontakte festgehalten. Alle anderen Spieler üben Jonglieren. Ein Spieler nach dem anderen geht ins Viereck und jongliert.
Jeder Spieler darf zwei Mal ins Viereck. Die höhere Anzahl der Berührungen wird aufgeschrieben.

Ziel:
Erreichung einer besseren Anzahl in drei Monaten.

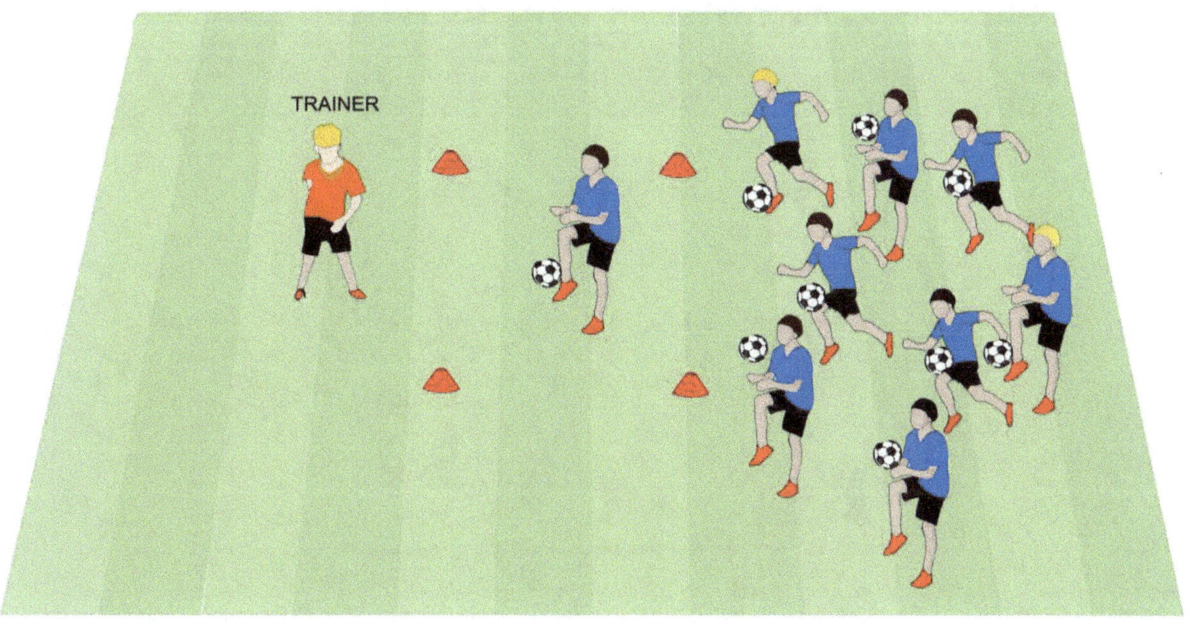

Test 3: „Dribbelparkour"

Rechts an der Ecke des Fünfers stehen zwei rote Hütchen. Das ist die Startlinie.
Die Spieler laufen zick zack durch die gelben Hütchen bis zur Ecke vom Sechszehner. Nach zwei Metern liegt ein Reifen, dahinter ein weiterer Reifen. Der Spieler muss einen Reifen links umkreisen dann beim Nächsten rechts laufen, dann zur Mitte des Sechszehners von der Ecke zur Fünfer Linie. Zurück zum Ziel, mit Ball.

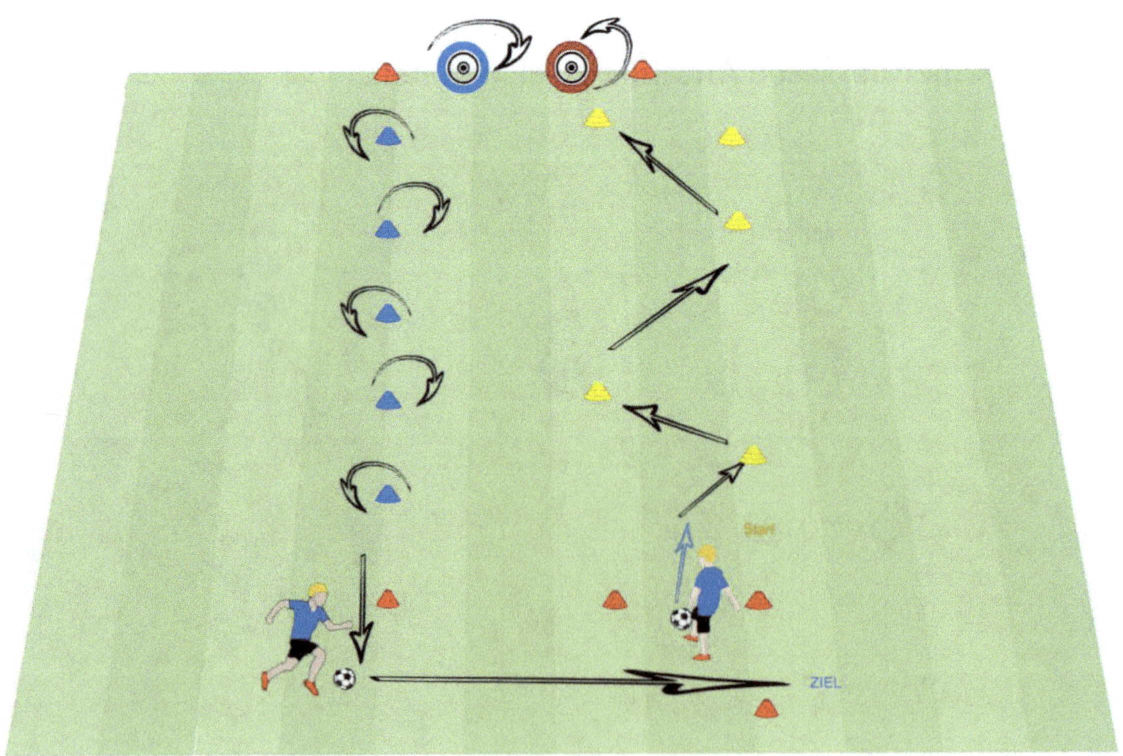

Test 4: „Dreiecklauf"

Wie beim Dribbelparkour beginnt man in der rechten Ecke des Fünfers. Dort stehen zwei rote Hütchen.

Die Spieler laufen einzeln von der Ecke des Fünfers (Start) nach rechts 45 Grad bis zur Linie des Sechszehners, anschließend 45 Grad nach links bis zur Linie vom Sechszehner, von dort auf der Linie geradeaus bis zur Mitte, Höhe Elferpunkt.
Von dort nach links 45 Grad, rotes Hütchen umlaufen, 45 Grad nach rechts zum Fünfer.
Auf Fünfer zurück zum Ziel wird ohne Ball getestet, kann aber auch mit Ball gelaufen werden.

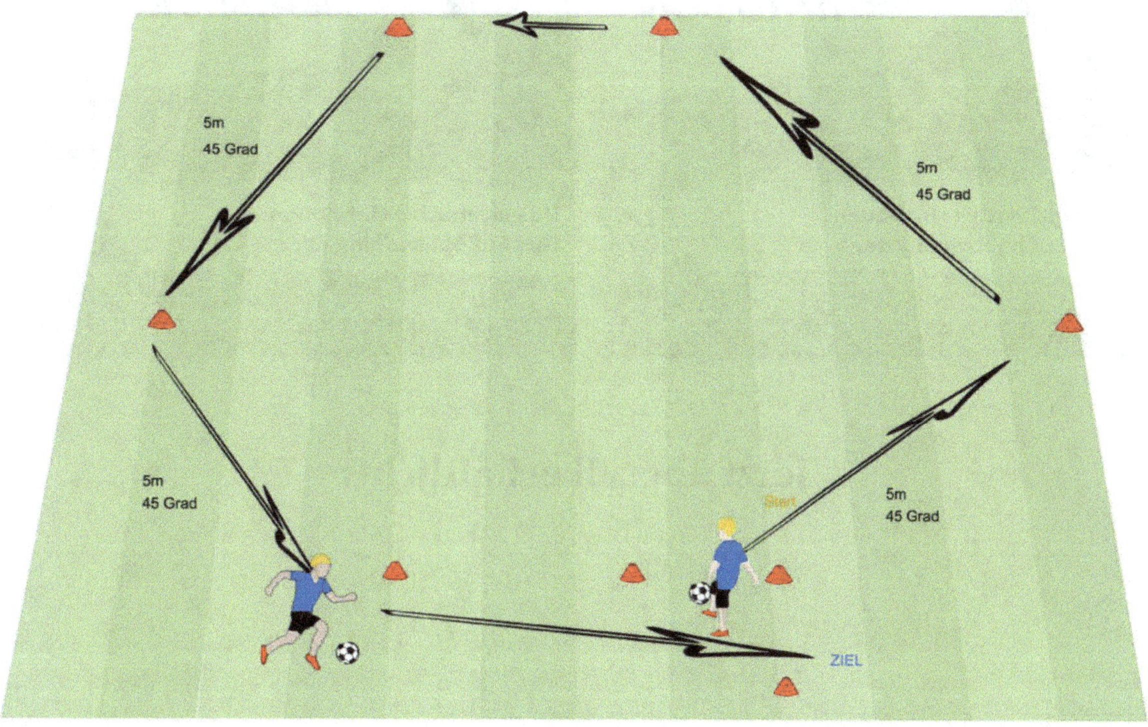

Entdecken Sie weitere Fußball-Handbücher von Dieter Paffrath!

Ideales Fußballtraining für jede Altersklasse!

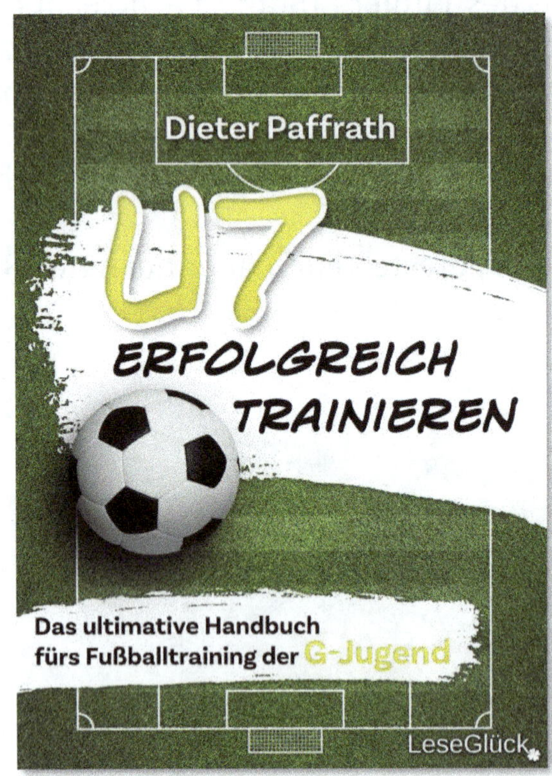

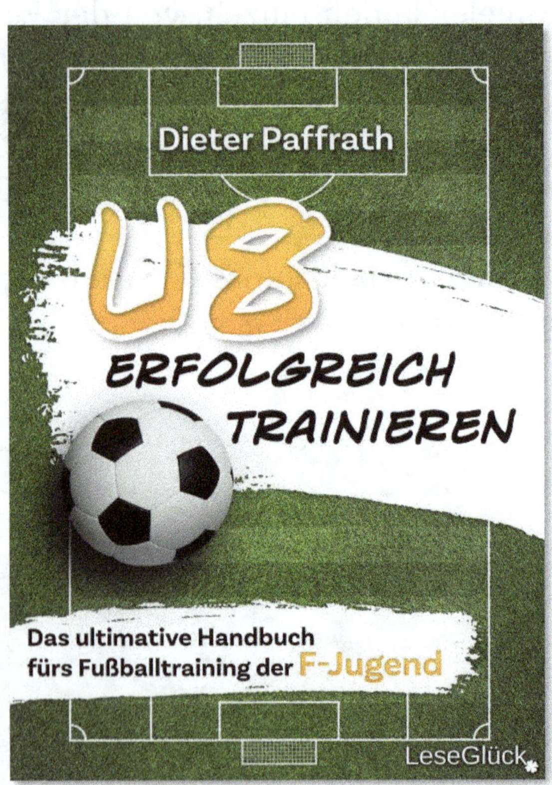

Jetzt überall erhältlich!

Ihre Zufriedenheit ist unser Ziel!

Liebe Leser, liebe Leserinnen,

hat Ihnen unser Buch gefallen? Haben Sie Anmerkungen für uns? Kritik? Bitte zögern Sie nicht, uns zu schreiben. Wir werden jede Nachricht persönlich lesen und beantworten.

Schreiben Sie uns: info@ek2-publishing.com

Bitte nehmen Sie sich einen Moment Zeit und bewerten Sie dieses Buch auf Amazon. Viele positive Rezensionen führen dazu, dass das Buch mehr Menschen angezeigt wird.

Sie können somit mit wenigen Minuten Zeitaufwand unserem kleinen Familienunternehmen einen großen Gefallen tun. Vielen Dank für Ihre Unterstützung!

Impressum

Eine Veröffentlichung der EK2-Publishing GmbH
Friedensstraße 12, 47228 Duisburg
Handelsregisternummer: HRB 30321
Geschäftsführerin: Monika Münstermann

E-Mail: info@ek2-publishing.com
Website: www.ek2-publishing.com

Autor: Dieter Paffrath
Cover/Umschlag: Renee Rott
Lektorat: Eduard Krisan
Buchsatz: Eduard Krisan

1. Auflage, August 2024

www.ingramcontent.com/pod-product-compliance
Lightning Source LLC
LaVergne TN
LVHW061939220826
846092LV00008B/1070
* 9 7 8 3 9 6 4 0 3 3 7 7 2 *